Ocean's Songs

Du même auteur

MACHO MAIS ACCRO

T'AS PAS HONTE ?

TOUS LES OCÉANS DU MONDE

LA BRETAGNE VUE DE LA MER

Olivier

DE KERSAUSON

Ocean's Songs

DOCUMENT

J'AI LU

Édition établie avec la collaboration de Jean-Louis Le Touzet

Avant-propos

« J'ai connu le monde dont la porte
tournait autour d'un seul gond. »

L'idée de ce livre est née à San Francisco à bord du trimaran *Geronimo*. Deux types à peine sortis de l'adolescence montent à bord. Mon équipier américain me les présente : Sergei Brin et Larry Page, les fondateurs de Google. Deux types bruns, très souriants, presque enfantins ; ils ont le projet de monter un cerf-volant sur un bateau, et veulent voir comment fonctionne un trimaran de trente mètres. Leur intérêt n'est pas feint mais ils sautent comme des enfants de six ans, dès que j'ai le dos tourné, sur les trampolines du bateau. Je lève une paupière et demande aux deux gars d'arrêter immédiatement de faire les imbéciles. Le bord me dira plus tard que je les avais engueulés ; je ne m'en souviens plus très bien. Les faux jumeaux arrêtent enfin de sautiller et nous appareillons. Je me rends vite compte qu'ils se montrent fort pertinents dans leurs questions.

Il est presque midi et *Geronimo* prend de la vitesse jusqu'aux premières rides de l'océan. À bord, deux hommes découvrent le ravissement de la navigation à voile. Quatre ans plus tard, je ne retouche rien à la première impression qu'ils m'ont laissée : enfantins, cocasses, intellectuellement curieux et bien élevés. Pour autant, aucune « génuflexion » de ma part en les quittant : salut et au plaisir !

Évidemment, je savais bien que ces deux types avaient agi très fortement sur l'accès à la connaissance. Quatre ans ont passé et les deux types habillés comme des *skaters* dominent le monde grâce à leur moteur de recherche d'une puissance jamais égalée. Ce jour-là, j'avais à bord les deux hommes qui tiennent fermement le monde entre leurs mains. Le monde que j'ai parcouru était immense ; il supposait des efforts et des sacrifices. Nous nous étions donc trouvés à bord de mon bateau : moi qui ai passé ma vie à courir ce monde et eux qui l'ont apporté à domicile.

Il m'arrive, quand je regarde la Grande Ourse, de penser à ces deux types qui ont inventé le planétarium à domicile et la « dématérialisation » du savoir. Grâce à eux, la photo satellitaire du monde est disponible à Pau comme à Oulan-Bator. Grâce à Google Earth, on survole le Cervin, le temple d'Angkor et la porte d'Asnières. Ils ont inventé l'instrument de bord du monde. Pour moi, qui ai navigué au sextant, ces deux hommes ont permis à l'éleveur lozérien de feuilleter le grand livre du monde sans louper la traite des vaches. Page et Brin ont rétréci le monde pour le livrer à demeure ; si bien que tous les souvenirs sont livrés en un clin d'œil alors que, moi, j'ai passé ma vie à les chercher sous des aiguilles de pin et à comprendre la longue houle du Pacifique. Eux, en moins de dix ans, ont aboli le temps et bâti un empire car, plus le monde se dématérialise, plus ces deux hommes s'enrichissent. Les cartes que j'ai connues tiennent aujourd'hui toutes dans une tête d'épingle. J'ai vécu dans les atlas pour aborder le monde. Et ce sont les enfants de la contre-culture californienne qui ont fait cette chose inouïe ! Ils ont accéléré l'accès à la connaissance grâce à la fulgurance informatique. J'ai connu un monde où la connaissance était dépendante de la force du vent et des courants. C'est ce monde-là que j'ai voulu raconter à travers les mers traversées, mes bateaux. J'ai voulu dire les pays sur lesquels j'ai marché, les gens que j'ai aimés et les impressions charnelles laissées par des lambeaux de civilisation ; j'ai voulu peindre le plaisir que j'ai toujours en mer. J'ai navigué pour l'ivresse de la vitesse et pour aller flairer l'odeur et la beauté des choses que j'avais entr'aperçues dans les livres. Un monde sans moteur de recherche qui avançait par la force du vent. J'ai connu le monde dont la porte tournait autour d'un seul gond. J'ai emprunté la route des acheteurs de girofle et respiré le parfum des roses jusqu'au cœur. J'ai grandi avec les maîtres des mers qui étaient portugais et s'appelaient Vasco de Gama ou Magellan. J'ai connu les archipels de l'océan Indien où l'on s'éclairait à l'huile de palme, la poussière des atolls, les récifs polynésiens tranchants comme des lames de couteau et les barques à balancier. J'ai voulu ce livre pour dire les subdivisions du monde. Aujourd'hui, le monde appartient à des explorateurs en mocassins. Google a valorisé le globe à son profit. Je peux dire que j'ai eu à bord de mon bateau les deux hommes qui ont fait main basse sur le trésor des Incas.

À vingt ans, je n'étais pas disposé à prendre sur mes épaules toutes les tragédies du monde. Né en 1944, j'avais le souvenir encore vif des destructions. On me disait : « C'était la guerre… », et je sentais confusément que les langues ne se délieraient pas vite parce que tous ces gens autour de moi avaient enduré cet avilissement depuis juin 1940. Nous, les petits de la famille, on posait des questions auxquelles les adultes ne voulaient pas répondre. On avait cinq ou six ans. Le premier à nous avoir parlé, c'est mon oncle de Châteaubriant, qui s'était évadé de Rawa Ruska où il avait été prisonnier pendant cinq ans. Il avait ensuite erré dans Berlin détruit, ne sachant par quel moyen rentrer chez lui en France. Cet oncle s'était inscrit au parti communiste après la guerre. Il avait été ensuite prof d'allemand à HEC. C'était un intellectuel très brillant. Il a été le premier, en 1956 – je devais avoir douze ou treize ans, mon frère avait deux ans de plus que moi –, à nous parler de la guerre et de ses horreurs. Mais on ne parlait jamais de la guerre à table car tout le monde en avait tellement souffert que personne ne relevait quand il l'évoquait.

Cette guerre venait donc à peine de passer le carrefour du temps qu'il restait encore des poussières en suspension.

Par exemple, je me souviens d'avoir vu les tickets de rationnement. J'étais petit et en mauvaise santé et j'avais droit à une banane par mois. Mais pourtant, à vingt ans, je pensais que la grâce pouvait être accordée à celui qui scandalise et non à celui qui se soumet. Je voulais échapper à cette mortification que je ressentais. Je ne voulais pas d'une vie « édifiante » au milieu de tous les miens. J'avais compris que mon salut passerait par le voyage sur la mer. Mon frère aîné revenait de la guerre d'Algérie ; mes oncles avaient fait la guerre d'Indochine, et la guerre de 1940 était encore bien présente dans les esprits. J'avais compris que le temps de paix allait venir. Que le temps de la montée de la sève était venu, que les temps des tyrannies étaient révolus. Je me trouvais donc à dix-huit ans, en 1962, à une époque où j'allais me dire : « C'est à toi de choisir ta vie. » J'ai senti le tambour du sang dans mes artères. Ce fut le signal de la grande « dételée » qui dure depuis. J'allais pouvoir faire ce que je voulais ; personne ne me prendrait mon temps. On m'avait pris mon temps pendant dix-huit ans dans des collèges épouvantables dirigés par des maîtres stupides. Le temps allait m'appartenir. J'étais un goinfre, curieux, déchaîné, avec une envie : courir le monde.

On n'a besoin de moi nulle part ? Je fous le camp dans l'heure ! Il faut imaginer que les jeunes gens de ma génération quittaient tous les spectres de « la chevalerie du néant », celle à laquelle les hommes à peine sortis de l'adolescence étaient promis depuis 1914.

Je n'ai jamais été préoccupé par les hésitations de la volonté et les perplexités du cœur. Rien à faire de tout cela. Mais j'avais la certitude très nette que je ne serais pas englouti par la mort comme tous ces jeunes hommes avant moi. Donc, un sentiment de renaissance car s'ouvrait la fin des désordres liés à la guerre, la fin des désespoirs et des dégradations. Depuis 1914, une seule question sans réponse hantait mes parents : à quoi tend cet univers absurde ? Moi, je ne voulais ni gêne ni déplaisir.

J'ai quitté la fac très rapidement. Je n'ai jamais été un véritable agnostique du savoir – j'étais même le contraire – mais les enseignants que j'ai eus étaient tournés vers le passé. Je voulais que l'on me raconte l'histoire de l'immédiateté du monde, l'histoire qui est en train de se faire sous mes yeux. Pas celle qui s'était déroulée ; je la connaissais, celle-là, car elle était inscrite dans ma famille depuis Godefroi de Bouillon.

J'avais déjà le goût de la bataille mais certainement pas des cogitations abstraites.

Donc, je me suis dit : « À la fac, c'est la même chose qu'à l'école : les mecs qui enseignent le droit canon sont des types qui ne sont pas capables de faire autre chose. »

On ne peut rien contre un type de dix-huit ans qui fuit l'asservissement dans lequel des maîtres qui baragouinent un latin de cuisine veulent le maintenir.

À dix-huit ans, on vit de nuages, de plaines, du ressac, du vent et du ciel étoilé. C'est comme ça que je suis parti en auto-stop, croyant que l'hiver pouvait, en Grèce, être plus clément.

J'ai parcouru la Yougoslavie dans la cabine d'un chauffeur de poids lourd. J'étais perpétuellement affamé. Reçu chez ce chauffeur, sa famille s'est occupée de remplumer ce chat maigre que j'étais. Souvenirs émus quand j'y pense. Puis je suis passé en Allemagne, toujours en stop. J'ai pris le couloir qui menait à Berlin dans la camionnette d'une équipe de cinéma australienne. J'ai passé Checkpoint Charlie puis une fois à Berlin-Est, je me suis aperçu que j'avais perdu mon passeport. Huit heures au poste pour des formalités pas possibles. Puis relâché car les Vopos ne savaient pas quoi faire de ce jeune Français sans tête. Je dois dire qu'après coup ce fut pour moi un entracte aventureux assez étonnant.

Mais surtout je tenais à voir Dachau. Parce que résonnaient en moi les propos chuchotés à la maison sur les atrocités des camps. Je suis allé regarder par moi-même. Et j'en suis revenu bouleversé et définitivement décidé à vivre. J'avais compris que des barbares avaient volé des millions de vies. Un immense choc pour moi et la preuve irréfutable de l'abaissement général de l'homme. J'ai souvent pensé à mon oncle, attaché à l'ambassade de Pologne avant guerre, pris dans ce tourbillon fatal. C'était un homme d'une grande intelligence. Mais sa jeunesse lui avait été volée. J'ai souvent une pensée pour mon frère aîné qui s'était fait entraîner, comme tant d'autres hommes, dans la guerre d'Algérie. Mes oncles et les frères de ma mère étaient revenus complètement cabossés d'Indochine. Je ne voulais plus de ces convulsions, de cette Europe marquée par la détestation, « descellée » depuis le traité de Versailles, et tous ces présages d'apocalypse. Je suis parti balbutiant vers l'aventure et la mer. Mais j'ai toujours eu une confiance dans mon caractère abrupt, comme un personnage qui émerge du chaos originel.

Le monde connu par moi était fixé, donc mort. Je devais créer ma propre langue qui me conduirait à la connaissance et que j'utiliserais sans jamais me plier à aucune orthodoxie. J'étais de gauche, puis de droite, heurté, titubant, mais libre. Je rêvais d'Afrique et de Polynésie. L'idéal pour y aller, c'était en bateau et en course. Le bateau fut un moyen pour moi de débloquer le monde. J'ai ressenti cela comme une clarté aveuglante. Je ne savais pas que j'allais, d'un moment à l'autre, entrer dans l'histoire du large, que je vivrais dans la tribu des bouffeurs d'écoute et dans le clan de l'aventure, et surtout que jamais je n'en sortirais.

Il y a bien eu quelques tentations familiales pour me ramener dans la pleine « lumière des réalités », comme on disait à l'époque. Faire carrière chez IBM, comme l'un de mes frères. Rien de tout cela ne m'a jamais intéressé. Le début des années soixante était une époque qualifiée de « moderne ». Mais tellement outrageusement « moderne » qu'elle en devenait comique. C'était le temps du travail facile, plein de promesses, où l'on sortait de l'expérience des abîmes. Il était funambulesque, presque aérien, et d'une confiance folle dans la science. Pour autant, il ne m'intéressait pas du tout. J'étais entouré d'aimables connaissances qui me vantaient l'incontestable avancée de la poêle Tefal, le fameux rendu du moelleux des crêpes Suzette et la télé couleur. Mais j'attendais mieux de ce monde qui avait, certes, inventé le fer à repasser qui repasse tout seul. L'irritante lecture du monde moderne me barbait.

Marqué par la guerre de 40

J'ai sept ans et la perception aiguë de la fin d'une souffrance qui a marqué nos pères. Mon frère Yves et moi étions très liés et avions compris très petits les nuances de l'horrible. Mes parents étaient tous deux orphelins de la Grande Guerre. On ne disait mot à la maison de ces deuils mais les silences, les centaines d'illustrations d'époque dans les malles du grenier, les clichés sur tous les guéridons de la maison, les photos jaunies des grands-parents et oncles disparus parlaient pour eux. La guerre n'était pas une fiction.

C'est étrange mais depuis mes huit ans, je pensais que j'irais faire la guerre et que je ne pouvais déroger à cette règle qui conduisait à sacrifier une génération d'hommes entre dix-huit et vingt-cinq ans.

C'est une époque où il est impossible d'échapper à la syntaxe de la guerre froide et aux comptes rendus des journaux sur la guerre d'Indochine. Je dois avoir dans les douze ou treize ans et ne vis que dans l'attente de la mobilisation et du chef de gare qui donnera par son sifflet l'ordre au train de s'ébranler vers le front. C'est comme si je vivais avec les pédales sous les pieds, prêt à partir vers un destin de combattant. J'ai souvent pensé que ce n'était pas fini. Qu'une ardoise nous serait présentée. Qu'il y aurait un coût. Celui de notre insouciance ? Certainement une facture à honorer dans les sapins funèbres du front de l'Est ou dans la moiteur d'une quelconque jungle subtropicale indochinoise.

Quelque chose dans mon subconscient plein de griffes et de becs en fer. Un monde de mammifères avec des gueules effrayantes et du sang jusqu'aux yeux : j'étais prêt, je laissai ma préparation militaire parachutiste avec bonheur ; je voulais une unité d'élite.

Je me voyais déjà affecté dans un régiment de parachutistes et cette idée m'a longtemps habité jusqu'à ce que j'embarque en 1967 avec Éric. Et toujours ce bourdonnement de la guerre, cette force centrifuge qui prenait le dessus. Toujours ce prix à payer comme s'il fallait expier. Puis la guerre est définitivement renversée. C'est une illumination. La fin de cette anxiété qui ne m'avait pas lâché. La fin pour moi de cette lutte sourde et la fin d'une interrogation anxieuse sur ma destinée. Cela écrit, je suis toujours secoué dès lors que je marche dans Paris et lève le regard sur une fleur en plastique accrochée à une descente de gouttière. Dessous, la petite plaque en marbre, comme un défi à l'oubli. Quel âge avait cet étudiant en agronomie, cet ouvrier imprimeur, ce sergent de ville, ce notaire aux lunettes d'écaille, cette modiste du onzième arrondissement, tous tombés sous les balles allemandes ce 20 août 1944 ? Morts pour la France un mois après ma naissance. Cela me retourne toujours. Tout cela doit tenir d'un tempérament car j'ai toujours ressenti cette projection dans le chaos. Mais j'arrive très bien à refouler cet accent personnel, j'ai le devoir de ne jamais me plaindre : je suis vivant. Mais aussi assez amer que les Français ne fassent plus de nœuds à leur mouchoir pour se souvenir des sacrifices de leurs pères et de cette liberté gagnée dans le sang.

C'est étrange comme la guerre de 1914 puis celle de 1940 ont eu un tel retentissement sur moi. Dans les moments de ma vie où j'ai pu être découragé, aplati par les revers, j'ai souvent pensé à cette famille de métayers, près de chez mes parents, qui avait perdu ses quatre fils à Verdun. Il m'arrive d'y penser quand je projette mes incertitudes, mes angoisses, et je trouve qu'il est indécent de se plaindre.

Je tiens sûrement cela du bel usage de la maison, disons l'un des seuls que j'aie retenus, et qui bannissait la plainte.

Pour autant, je ne me suis jamais plié aux mouvements souterrains de l'âme, comme on disait dans les romans des années cinquante. Mais si la crainte d'un conflit en Europe s'est imposée à moi dans l'enfance, je l'interpréterais comme la volonté de ne pas reculer devant la liberté confisquée, le risque et un goût pour le sacrifice. Toujours chez moi cette idée que la botte doit toujours être engagée dans l'étrier pour échapper à l'ennemi. Je me souviens d'un moment marquant de mon enfance que je n'oublierai jamais.

Un oncle et ses hommes avaient repéré dans Berlin, qui avait capitulé, un vendeur à la sauvette. Sur la chaussée éventrée, entre deux carcasses de chars russes, une couverture avec des paires de bottes militaires et des terrines. La ville n'était que cendres. Mon oncle et ses hommes repassent le jour suivant devant ce vieil homme en haillons et reconnaissent les bottes. C'était celles d'un de leurs copains dont ils n'avaient plus de nouvelles. Juste à côté, des pâtés encore frais. Je n'avais dans ma famille que récits héroïques et destins admirables. Nous les garçons n'avions qu'une envie : être héroïques à notre tour. Et comment pouvait-on être héroïques à cette époque-là ? Qu'est-ce qu'on avait à répondre à ces gens-là qui l'avaient été ? C'est la première fois que nous étions issus d'une génération qui n'allait pas au combat. Personne n'allait nous prendre notre vie. On n'avait qu'une obligation : rire sans le désarroi des consciences qu'avaient connu nos pères.

Libéré du drame de la guerre que j'entrevoyais petit garçon, je pouvais donc m'imposer au monde, au vent, à la mer et au large. J'ai gardé le devoir de prendre des risques, ce goût d'aller de l'avant, de ne pas se laisser abattre et de ne pas perdre sa combativité. À dix-neuf ans, je décide de prendre des vacances actives. À vie. Plus personne n'allait m'obliger à faire ce que je ne voulais pas faire. Jamais je ne rentrerais dans aucun système. Quel qu'en soit le prix. Ce n'était pas du tout le parfum de la révolte. Je n'ai jamais fait de prosélytisme et ne suis jamais monté sur une table pour dire : « Camarades, on abuse de vous ! » J'ai toujours essayé de me conformer à cette ascendance familiale : courir le monde. Certains aiment les soldats de plomb jusqu'à un âge avancé. Moi, je n'ai aimé que la principauté de la mer et ses bateaux.

La mer prend parfois mais jamais ne vole. Elle rend en douceur la peine que le marin s'est donnée. Je suis toujours très heureux sur la mer. C'est ma force motrice. Tout ce qui aurait pu passer aux yeux des autres pour des privations, pour moi n'en fut pas. La mer limite les besoins de l'homme au strict nécessaire pour en faire une créature ascétique. Elle agit sur l'homme comme une piqûre d'acuponcteur chinois.

Je n'ai jamais ressenti la notion d'être dans le vent, d'être à la mode. J'aime beaucoup ce trait d'esprit de Jean Dutourd : « Je ne suis pas du tout dans le vent. C'est le meilleur moyen pour moi d'attraper un rhume. »

À vingt ans

À vingt ans, j'ai la perception lumineuse qu'on ne va pas me voler ce qu'on a volé à tant de gens. On ne va pas me prendre ma vie, on ne va pas m'envoyer faire une guerre que je ne veux pas faire. Je suis sur un tapis roulant. Je me dis que tout est à moi. J'ai le droit de tout mais aussi le devoir de tout. C'est-à-dire que je vais pouvoir aller au bout de mes rêves ; j'ai conscience que ceux-ci ne seront pas éteints par des guerres. En somme, je me dis que je n'ai aucun risque. Mon seul risque à moi – comme à ceux de ma génération –, c'est de nous faire voler notre temps, notre vie par le système. Surtout, j'ai ce privilège extraordinaire d'être vivant. J'ai vu des membres de ma famille rentrer de la guerre : des hommes blessés moralement, psychologiquement. Moi, il n'y avait personne pour me blesser ; ça m'a donné l'énergie d'aller « pousser plus loin » pour ne pas tomber dans un existentialisme parfaitement vulgaire qui ne pouvait en rien ressembler à la forme de pensée qui était la mienne. J'avais l'opportunité de prendre des risques plutôt que de les subir ! Le risque subi est pire que le risque choisi ! J'avais, en quelque sorte, le devoir de prendre des risques. Oui, le devoir. Le « devoir d'intelligence » de prendre des risques. C'est pour cela que le bateau c'était intéressant car dès qu'est apparu le premier multicoque, c'était à un stade dangereux, fragile : ça chavirait. Tabarly disait : « Moi, j'irai jamais au cap Horn en multicoque. » Moi, j'ai passé le cap Horn cinq fois, depuis, en multicoque. C'est ça qu'il fallait faire, c'est là qu'était le risque, le défi, le danger mais aussi le progrès, l'aventure. C'est ça qui explique qu'on se batte, c'est ça qui donne de l'âme.

J'ai toujours senti d'une façon dense que notre monde se trompait : on nous vend des assurances-vie qui n'en sont pas. Pour moi, une assurance-vie, c'est lorsque, le jour où vous claquez, vous sortez de votre poche un joker ! Voilà, on se trompe. Et à force d'avoir peur de tout, on vit tout mal. Et notre société est construite sur la peur.

Mon devoir à moi, c'est l'exigence morale que je me propose. Toute ma vie, j'ai creusé des tunnels pour me barrer, m'évader. Tout ce que j'ai vécu à terre, je l'ai fait dans cet état d'esprit-là.

J'ai toujours pensé que j'avais le devoir de vivre mes aventures maritimes pour tous ceux qui avaient rêvé de le faire et qui n'ont pas pu ! J'ai été clairement conscient des chances qui étaient les miennes. Donc, mon élégance, ma noblesse, c'est « d'aller aux risques ».

Prendre la mer

Prendre la mer, c'est tout sauf une fuite, c'est au contraire une discipline et une contrainte. Décider d'aller chevaucher les vagues, c'est une conquête, et pour conquérir, il faut partir. C'est l'extraordinaire tentation de l'immensité. La mer, c'est le cœur du monde. Vouloir visiter les océans, c'est aller se frotter aux couleurs de l'absolu.

Il m'a toujours semblé indécent de ne pas aller voir partout dans le monde. Il me fallait partir sur tous les océans du monde, découvrir tous les ports… Pour moi, c'est vital : puisqu'on est dans le monde, il faut le courir.

Quand j'étais adolescent, le monde était vaste… ce n'était pas le monde de Google encore. On avait une idée du temps aussi, dans le sens que le voyage était toujours long.

Pour moi, là où il n'y a pas la mer, le monde est gras, il sent l'humus, la glaise ou la ville ; sans la mer, ça ne peut pas être joli !

La terre ne m'intéresse pas du tout. Sauf quand elle est frangée par la mer, alors elle est belle : un champ de blé agité par les brises marines où se mêlent l'odeur du blé qui est en train de mûrir et l'air frais qui vient de la mer, ça, c'est extraordinaire.

Mon métier

Parcourir les mers du globe comme je l'ai fait, avec des bateaux à voiles, c'est un métier, un métier dans le joli sens du terme : un métier, pour moi, n'est pas fait pour gagner de l'argent mais pour gagner de l'honneur. Les Compagnons du Tour de France ont un métier. Les pêcheurs ont un métier. En fait, tout individu qui aime ce qu'il fait et qui se donne du mal… Le chemin de l'excellence, c'est la discipline. Il n'y a pas d'intelligence sans courage. Je me méfie des gens qui sont intelligents mais pas courageux : ça fait des cerveaux foireux ! L'intelligence demande du courage. Et le courage est l'enfant de l'intelligence.

Moi, j'aime les gens qui ont le goût de l'excellence : puisqu'il faut faire, faisons avec passion.

Portraits de mers

L'Indien

De toutes les mers qui m'ont porté durant quarante ans dans mes aventures maritimes, l'océan Indien est la seule mer qui m'ait le moins bien traité. J'y suis toujours entré animé d'un grand ressentiment silencieux. C'est presque une animosité physique que j'ai pour cet océan. Il y a chez lui une sorte d'esprit de châtiment idéologique envers moi.

C'est l'océan des huis clos maritimes et l'Indien s'en sort en agitant sous mon nez ses innombrables non-lieux. On peut mesurer sa puissance aux faibles témoignages à charge. Il serait trop long de faire ici l'inventaire de toutes ses vilenies. L'Indien a toujours mis au supplice les marins. Il existe quantité de procès-verbaux à travers les récits maritimes.

C'est cet instantané d'un moment d'orage, entre éclair et tonnerre, que je donne ici. L'Indien attendra un peu pour se défendre dans le procès que je lui fais. Le réquisitoire n'est pas encore posé mais je sais que, dès que je serai en mer, il s'empressera de faire appel et me convoquera par 45° sud pour me rosser. Comme à chaque fois car cet océan est héréditairement mauvais. J'ai toujours vu cet océan comme une toile de drap mitée qui s'étend de la mer Rouge, cette méchante bouche édentée à travers laquelle l'air chaud siffle comme un percolateur, à la mer de Ross, l'entrepôt frigorifique, la machine à glaçons de l'Antarctique. C'est pourtant un océan sous surveillance car l'homme l'a mis en joue grâce aux satellites qui prédisent l'horrible boursouflement qu'il peut prendre dans ses latitudes les plus au sud. Il reste pour le marin l'incontournable adversaire définitivement impossible à rouler. Couleurs délavées, mer caméléon, il procède toujours par ruse puis par avilissements successifs dès que le marin est captif. C'est vrai qu'il a la délicatesse tropicale quand on navigue au large des articulations du Mozambique. Là, commence la descente le long de l'Afrique du Sud. On longe ainsi en son début des plages africaines dorées comme des brioches. Mais c'est aussi un joueur de bonneteau dès lors qu'on fait route directe, dans les différentes courses autour du monde, pour contourner l'Antarctique. On laisse alors les belles cicatrices du continent africain pour plonger vers cet endroit où l'Indien pâlit brusquement, où la mer se fait froide et dure.

C'est un pays crépusculaire. L'Indien est une auberge à punaises pour le marin. Une Messaline aux seins qui tombent. Cette mer est une vraie souillon. Pour l'Indien, je n'ai que mésestime. Bienvenue donc dans cette contrée sans nuances, au pays où l'homme se recroqueville sur lui-même pendant trois longues semaines. C'est le pays de la longue-vue, des doigts gelés et des grandes convulsions. Le pays où la mappemonde devient planisphère, elle qui n'a jamais paru si démesurée malgré les hautes vitesses et la fiabilité des bateaux de course. L'homme rentre dans une échelle qui n'est plus la sienne.

Le pays de la souffrance, le pays des vents mauvais, le pays où les muscles de l'homme sont durs comme du plâtre à force de travail sur le pont. Le pays des gibets et de la roue. Chaque fois que l'homme s'y aventure, il marque un progrès sur la précédente navigation. Mais, à chaque fois, c'est comme si cela sonnait comme la fin d'une vie planétaire. On donne des nouvelles ; on en reçoit. Reste que l'homme est coupé du monde et qu'il ne peut faire comme l'ours : faire dos à l'hiver. L'homme est ici le grand gibier des chasses d'automne. Le pays des indignations muettes malgré le téléphone satellitaire. Mais pourquoi y aller ?

Parce que l'homme adore grogner contre lui-même dans sa grande pudeur. Et puis, si jamais il en sort vivant, il sera le seul à pouvoir s'en divertir avec lui-même à terre un soir de grand vent en poussant un grand cri d'amour à tous les ennemis de la mollesse.

Mais si l'Indien ne peut être comparé à un labyrinthe crétois, il m'a semblé que cela ressemblait plutôt à une navigation prométhéenne car, ici, c'est le pays du grand recommencement, du grand tumulte et de la perpétuelle insurrection des vagues.

L'aisance connue de nous dans les grandes glisses des premières semaines de course n'est alors plus qu'un souvenir. Nous voici prisonniers de la morsure du vent et soumis de force aux grands gémissements du carbone. Qu'elle est déjà loin, cette fausse coquetterie affichée par l'Indien avec ses crêtes de vagues frisées au petit fer de coiffeur ! Tout ça peut sembler paradoxal car l'Indien est océan négligé, un océan qui ne se peigne pas. Un vrai dépoitraillé. Et rien de plus désagréable pour un marin que de naviguer sur une mer qui n'est pas rangée. Bien sûr que l'Indien sourit les premières heures de mer comme un Esquimau gavé d'huile de poisson. Il a comme d'habitude la poignée molle et lasse.

Il me fait le coup à chaque fois ! C'est un océan postiche qui se garde bien de dire qui il est vraiment. Les cargos qui font la route le redoutent pour cette fourberie.

Physiquement, il ressemble à une bête de foire. Il peut avoir la résignation du bétail. C'est là qu'il est le plus vil. Dans son Est, il est coudé par l'Afrique et serpenterait un peu comme une descente d'eaux usées. Dans son Nord, il y a cette foutue bosse indienne pareille à celle du dromadaire. J'ai toujours pensé que l'Indien avait été abandonné par ses parents à sa naissance et qu'il en voulait au monde entier de la lâcheté de ses deux grands géniteurs : l'Asie et l'Afrique.

J'ai longtemps cherché à l'identifier. Lui donner figure. Avec le temps, il m'est apparu sous la forme d'un serviteur mauvais à qui je donnerais bien son congé mais, sans lui, ni records ni tours du monde.

Voyez-vous, l'Indien est pour moi le genre de loufiat qui, entendant les pas de son maître, éteint soudainement la lumière quand ce dernier remonte de la cave avec le casier à bouteilles. Je le connais par cœur, ce cochon : il porte toujours la main gauche à l'oreille pour se réjouir de ma dégringolade tandis que la droite vient de tourner d'un coup sec le commutateur de la cave.

Je sais que ce tordu ricane à l'office tout en ajustant sa livrée et en se raclant la gorge car il me sait étendu de tout mon long dans le fond de cale, mon soupirail à charbon.

L'Indien n'a aucune sollicitude pour le marin. Avec les années, l'Indien a même été pour moi parfois un personnage de roman. Je dois dire même une sorte de madame Lepic. Une bonne femme atroce qui m'a foutu à la porte de chez moi et de mes navigations. Pendant quarante ans, j'ai été son Poil de Carotte. L'Indien, comme la vieille Lepic, m'a enfermé dans le cagibi des tempêtes comme elle avait enfermé Jules Renard enfant dans le poulailler. C'est à croire qu'elle a toujours préféré ses autres enfants à moi. C'est un océan veule qui jamais n'a pris notre défense. Je m'en suis sorti mais combien de marins y ont laissé leur vie. Cet océan m'a toujours rejeté. Impossible de lister toutes les fois où il s'est montré odieux. Les Jules Verne 2003-2004 ? Infect. Le tour du monde qui partait de Doha en 2005 ? Un vrai chameau ! Ce tour du monde 2005 me laisse un souvenir amer. Six jours plus tard, nous heurtions une bille de bois. Ou était-ce un arbre arraché par le tsunami ? Jamais nous n'avons su ce qui était arrivé au bras de liaison tribord. Nous avons dû faire accoster notre trimaran à Perth, un port pas du tout équipé pour un tel bateau. Ou comment faire atterrir le Concorde sur l'aérodrome d'Alençon.

Nous avons dû nous résoudre finalement à abandonner la course à Sydney car la blessure était trop profonde et une telle avarie entre la Nouvelle-Zélande et le cap Horn nous aurait conduits vers la mort. Je n'ai jamais cessé de l'écrire : cet océan est épuisant et vachard.

Nous sommes cette fois-ci le 10 février 2003. Voilà trente jours que nous sommes dans ce combat contre la montre. Exactement à 4 995 milles du Horn. Cinquième semaine de mer. Pas moyen de descendre vers le sud, ce qui nous permettrait de réduire la distance au but. Nous nous ferions massacrer par les dépressions sur zone. Comment faire ? Ben, on va y aller à la démerde dans cet endroit qui à chaque fois nous recrache comme un noyau de cerise. C'est l'éternelle histoire avec cet océan. Y aller par surprise ? Il y a toujours une porte de sortie. Mais il faut forcer le verrou. Ne jamais oublier que l'Indien, c'est le diable qui fait sauter dans sa main velue la clé de la sortie en te regardant d'un œil torve. Cette fois-ci, le diable est de dos et on ne distingue que ses pattes fourchues.

Des cuisses recouvertes de poils de sanglier et dans le lointain se dessinent ses petites oreilles pointues. L'Indien commande sur une mer toujours mal élevée, une mer faite à son image. Tout paraît normal car quarante nœuds est la règle. Puis, d'un coup, c'est un grain de cinquante-cinq nœuds qui nous arrive dessus. Le diable a senti que la tête de mât lui avait effleuré l'entrecuisse.

J'ai l'impression cette fois-là d'avoir mis le doigt dans le derrière de Belzébuth. L'endroit le moins accommodant du monde pour le marin. Le pays de la malveillance. La mer ne veut pas de l'homme : « Allez, fous-moi le camp ! » On a fui en lui chipant la clé de sortie. L'Indien, une fois que le marin s'est mis dans ses pattes, lui enlève la promesse d'un retour rapide.

L'Indien ne distribue que des pénalités de retard et fait rentrer l'impôt des emmerdements. Il a la tête d'une administration cruelle. L'Indien est un océan coléreux qui demande aux marins des prix d'audace et de vertu. En retour, il châtie ceux qui partent à sa conquête. Le marin est son petit gibier. Sa chose. Si bien qu'il m'a toujours donné l'impression que la mort allait nous toucher de son aile. Je me refuserai à dire jamais un mot aimable sur ce grand carnassier qui m'a mordu jusqu'au sang. L'Indien oblige le marin à des exercices de voltige sur une corde raide. C'est comme si on signait un pacte faustien : notre éternelle jeunesse contre un accommodement avec ses mœurs atroces. J'ai toujours les tampons de mon passage sur mon passeport. Sa marque est indélébile. En quarante ans, je lui ai donné toute la largeur de mon dos, qu'il a marqué au fer rouge.

Le Pacifique

Un faux ami car quand on quitte les zones équatoriales, il peut être assez hostile. Ce n'est quand même pas le lieu des grandes persécutions, comme l'est assurément l'océan Indien, même si je les ai souvent éprouvées dans ma carrière.

Le Pacifique, c'est deux fois l'Atlantique en taille, le plus grand océan du monde. Un résumé de distance, de violence, de chaud, de froid. Dans les yeux des hommes, je sais que c'est un long voyage qui va nous conduire à descendre les échelons de la civilisation. Les yeux des hommes disent cela : oui, c'est loin.

Le Pacifique est gourmand et il n'est pas rare de subir deux anticyclones et cinq dépressions sur une traversée. On en sort souvent écœurés d'avoir navigué dans ce festin météo. Ensuite, il bouillonne en tous sens. C'est Wagner dans l'oreille. La mer donne cette impression d'avoir été brisée à coups de masse. C'est surtout très impressionnant dans les Tuamotu où la houle se casse comme du verre. Le Pacifique, dans son Nord, peut être vite barbare. Quand j'ai navigué de Tokyo à San Francisco, nous étions en mai : un tunnel de brume nous avait accompagnés dès le départ. Ce grand Pacifique devant notre étrave, ses six mille mètres de fond, son clapot incroyable qui sort de nulle part. Le Pacifique échappe aux adjectifs. J'ai souvent pensé à ces gravures japonaises qui représentent une mer pointue. Ces dessins sont l'exacte vérité. Effectivement, dans le Pacifique, la mer est pointue. C'est un effet des courants qui dressent la mer comme la dent d'un ouvre-boîte.

Cet océan démesuré possède une âpreté et une dureté mais il n'est pas dirigé par la dictature du faux sourire comme l'est l'Indien qui, lui, semble toujours attaqué dans son honneur dès qu'il voit un bateau.

Le Pacifique a en revanche une franchise nette. Quelques notions de civisme et des lois physiques que nous comprenons. Chez lui, on ne sent pas toutes ces cruautés élisabéthaines que l'on retrouve entre Cape Town et Fremantle, dans l'Indien.

Le Pacifique peut toutefois se montrer désobligeant, oublieux de sa bonne éducation. Notre remontée de l'Atlantique en avril 2004 fut laborieuse parce que nous sortions d'un passage du Horn épouvantable. Onze jours à essayer de passer, à se faire hacher menu dans ce Pacifique Sud. Je confesse avoir eu une première fois la tentation de prendre « la porte de gauche » : Tahiti, le soleil, et l'assurance de rester vivants. La « porte de droite » ? La porte des martyres. La porte qui nous a conduits à la longue pénitence maritime car soumis au déterminisme de la mer. Onze jours dans l'entresol de l'enfer et sur lesquels je voudrais revenir : la loi de la tempête, le chaos maritime et pas de législateur pour voter un amendement qui aurait garanti une libération anticipée. On n'avait pas le choix car cent nœuds nous arrivaient quelques heures plus tard. Nous sommes passés dans le chas de l'aiguille. Cette tentation de me détourner, je l'avais déjà éprouvée lors de mon tour du monde en solitaire en 1989. J'ai ressenti là le vertige de la solitude, cette sensation de la mise en orbite. D'être en quelque sorte le satellite du pauvre qui tourne dans sa petite capsule en carbone. Le Pacifique permet à l'homme de retrouver cette innocence archaïque qui procure un frisson vertigineux : être libre et en même temps prisonnier du monstre. D'être au fond un homme revêtu d'une peau de bête qui poursuit le soleil et l'accompagne dans son coucher. D'être le dernier homme de la réserve.

C'est probablement pour cela que je vis une partie de l'année à Tahiti aujourd'hui. Je vais chercher cette Polynésie dont j'ai été privé. Mais ce Pacifique polynésien n'est pas pour autant une mer facile, aimable. À cette latitude-là, c'est vrai qu'elle a la douceur d'une mère. Ce qui n'était pas le cas en avril 2004 dans notre tentative dans le Jules Verne. *Geronimo* se trouvait le 5 avril par 58° 04' sud et 98° 12' ouest. Trente-huit jours s'étaient passés depuis notre départ de Brest. Le Horn est alors à moins de mille milles et nous subissons un quotidien fait de violence, de fatigue et de peur. Nous sommes depuis près de dix jours quasiment à sec de toile. Jamais de ma vie nous nous étions fait « branler » comme ça. Des journées en survie complète ! Est-ce cela la navigation ? Si oui, alors je me suis dit qu'il valait mieux arrêter de faire un métier pareil. En regardant la tête des hommes je me disais en moi-même : c'est pourtant vrai, qu'on va tous y rester. On va crever là ! Mais c'est pour quand ? Là, tout de suite ? Ou alors à la prochaine lame ?

Je garde en moi l'image des hommes, usés de fatigue, sur le pont par trois degrés en veille radar dans la glace. Nous sommes cernés par trois dépressions. Nous ne savons plus où nous sommes. Les gars sont maigres et tendus. Sûr qu'ils n'auront pas fait de gras si jamais on s'en sort ! Des mecs professionnels, dignes dans cet enfermement qui aura duré onze jours. Dans notre malheur, une chance : la pleine lune. Pour les terriens, c'est le moment de planter les radis. Nous qui sortons de quinze jours d'obscurité, cette pleine lune, c'est une bénédiction. Mais quand vague pas contente, vague descelle le hublot. Les sacs de couchage sont des éponges. Il nous reste la dérision. On lève le pouce à chaque fois qu'on se croise sur le pont pour se convaincre qu'on vit une expérience épatante. Pour la première fois de ma vie, j'ai écouté de la musique en mer. Un des hommes m'a prêté son baladeur. Juste pour ne plus entendre le bruit du bateau qui pleure. Enfin, ne plus avoir les tympans vrillés par les sifflements déchirants de la coque. « Trois fois la peine, deux fois la route », dit l'adage. Jamais été aussi vrai. Le Horn franchi, nous étions sortis du pays d'un tableau breughelien, de ce pays où la vague se déplace à trente-cinq nœuds et vous gifle à la volée. Le Horn, je l'ai passé sept fois. C'est comme le sommet de l'Everest, s'il fait beau, vous pouvez vous faire déposer en hélicoptère et y prendre le thé. Mais ce passage du Horn en avril 2004 restera pour moi et les hommes comme un condensé d'abrutissement, un jeu de massacre. *Geronimo* s'est trouvé plusieurs fois hors de l'eau. Il faut imaginer un bateau, dont la surface est égale à un court de tennis, hors d'eau, éjecté par la force de la mer. Nous sommes sortis de ce chaos maritime pour ensuite marcher à des vitesses misérables avec toujours la hantise de casser et l'amertume d'avoir entraîné des hommes dans un endroit si laid.

Quand on sort d'un truc pareil, le plus grand bonheur de l'homme est de retirer ses bottes et de marcher pieds nus sur le pont. C'est le signe que l'homme est sorti de l'enfer ; ça a été le plus long match de mon histoire de marin. Onze jours sur un ring sans soigneur, sans arbitre, avec un océan qui cognait comme Vulcain. Dix jours à se faire aplatir. Enfin plus de glace, plus de furie. De retour chez les vivants. Fini ce monde des ténèbres. L'aventure se résume à ces mêmes questions : Qu'est-ce qu'on peut supporter ? Jusqu'où ? Pourtant, naviguer, dans mon esprit, ça n'a jamais été un exercice masochiste consistant à faire reculer le seuil de la douleur. Dieu sait qu'on ne refuse pas le combat ! Nous avons vécu au cœur d'un pack qui nous a retournés pendant onze jours. Toute notre avance réduite. Tout à foutre à la poubelle ! C'est terriblement humiliant pour nous et pour le bateau. Cette année-là, rien n'aura été épargné. Je suis sorti de cette navigation moulu, défait. Ce fut une route, quand j'y pense aujourd'hui, vers l'épuisement de l'espoir. Une route qui s'est résumée à tracer des droites de quelques heures sur le parcours. Une route géométrique avec des triangles isocèles qui nous ont rendus maboules. Or, c'était des journées où nos concurrents abattaient cinq cents milles par jour en direction de Brest. Je me suis demandé si, d'une année sur l'autre, ce n'était pas la même main qui avait écrit le roman de notre désespoir car jamais nous n'étions dans les clous de la prévision que nous donnaient les fichiers météo. Depuis la Tasmanie, ce fut une course à handicaps. Parfois, un filet d'air nous emmenait à dix-huit nœuds, une misère...

De fugaces moments de grâce et de longues séquences de coups de marteau. La navigation n'est pas toujours magnifique. Mais là, ce fut complet : elle fut déplaisante, odieuse et désespérante. Nous avons skié pendant presque un mois dans une pente de gravillons et de mottes de terre. Le bateau a hoqueté comme une bagnole qui va tomber d'un moment à l'autre en panne

… seuls autour du monde. C'est le sèche. … Jules Verne que de courir contre la montre. princi… on n'a même pas la joie d'imaginer l'adversaire Dire … les mêmes conditions ! Cela nous aurait soulagés. Je reconnais que cela n'est pas charitable. Je l'écris avec franchise aujourd'hui : j'ai eu, un moment, l'idée de poser mon sac au Brésil. Pour oublier. Notre rendez-vous avec le pire s'étant admirablement passé cette année-là. Le pire frappait avec ses petits poings. On lui a ouvert. Il a pris ses aises, ses petites habitudes. J'avais rêvé en quittant Brest d'une navigation lumineuse dans le Pacifique. Le pire nous a gâtés. L'opérateur de cinéma des années de galère est revenu. Il nous a repassé la même bobine. Jamais, depuis que je fais ce métier, je n'ai ressenti un seul moment de jouissance, ce moment où le bateau s'étire comme un fauve et fait craquer ses jointures.

Cette absence de poésie m'a navré et nous a tous désespérés car ce bateau avait un génie que nous n'avions pas pu exploiter. Le Pacifique, cette année-là, nous a mis au supplice. C'est étrange mais je ne lui en veux même pas car il reste pour moi l'océan des harmonies maritimes parfois entrevues et si souvent vécues depuis quarante ans. De sorte que je ne veux donc pas le condamner. Dans l'Atlantique, les vagues sont plutôt ordonnées. C'est alors un mouvement connu, un tapis roulant. Alors que dans le Pacifique, pas du tout. Tu montes ; tu descends : comme dans un manège forain. Cette impression parfois désagréable d'apesanteur puis de prendre, à la seconde qui suit, la pomme de Newton sur le sommet du crâne. Creux-bosses et ainsi de suite. Le Pacifique à la voile, c'est comme traverser les steppes mongoles sur un *water-bed*. Il y a, dans le Pacifique, une hospitalité virile. Tous les cap-horniers sont des ressortissants du Pacifique. Ce n'est pas pour autant qu'ils bénéficient de cette immunité diplomatique, celle qui assure lors du passage du Horn un dédouanement plus rapide.

Pour être franc, je ne veux pas d'une que… avec le Pacifique qui ternirait une aussi longue liaison. …e pas rompre de mon fait une passion ardente, ma… disons que je suis assez prompt à passer l'éponge sur l'…on-terie du Pacifique, cette solide et généreuse nature. L'Indien et son honnêteté relative, ce côté intrigant, ces déviations quasi gothiques, ces perversités météorologiques, sont entrés dans mon manuel d'histoire. Le Pacifique reste pour moi un patron sur lequel j'ai taillé mes conceptions maritimes.

Le Pacifique n'est pas foncièrement méchant mais il est touchant avec son gros ventre de bouddha. Il est tellement énorme en taille qu'il se cogne partout. Il est béat, « plein de mamelles superflues », comme disait Bernardin de Saint-Pierre à propos des vaches laitières. C'est l'océan rousseauiste par excellence. La Providence l'aurait posé là par hasard, comme un démarcheur en piscines sonnerait à votre porte. Il est posé entre Valparaíso et Tokyo pour procurer à l'homme un ineffable bonheur, à écouter Jean-Jacques… Allons donc ! Sur une mappemonde, enfant, on me le présentait toujours à l'envers. J'ai navigué au sud de Taïwan. Jamais moins de trente bateaux au radar sur l'eau. La mer grouille littéralement. L'entrée dans Osaka est marquée par six cents mouvements de bateau par jour : il rentre, chaque jour, dans ce port autant de bateaux que dans le port de Brest en une année ! On navigue sur une autoroute. Les bateaux se suivent comme les éléphants de Babar séparés par quatre cents mètres de distance avec des endroits balisés pour tourner à gauche, à droite.

Quand on arrive à la voile dans ce trafic, on est littéralement saisis à double titre. J'ai été convoqué par le patron des gardes-côtes qui n'avait jamais vu un trimaran, pas même en dessin. L'impression laissée par notre arrivée ? Quelque chose de semblable à l'impression d'une araignée mécanique géante sur le parvis de l'hôtel Chamonix prête à monter à l'assaut du mont Blanc.

Très perturbé intérieurement par notre arrivée silencieuse dans le magma des navires de commerce, sans pour autant jamais montrer le moindre battement de cils, l'impassible fonctionnaire demanda alors que je lui décline mon passé maritime. J'ai donc dit à l'impassible fonctionnaire japonais, avec tout le respect que je devais à sa fonction, que si cela devait être le cas, c'est alors au ministre de la Mer que je le ferais, et certainement pas à un jeune trou du cul dans son genre – le tout sous les yeux de l'interprète de l'ambassade de France qui s'enfonçait sous terre. L'affaire s'est achevée sur un bel échange de politesses et quelques propos bien sentis sur les grandeurs défuntes de nos marines respectives.

Il y a dans cet endroit du Pacifique, dans ce Japon ordonné, ce pays de l'outillage mondial, un trafic d'un désordre effrayant.

Les canots de sauvetage des cargos arrachés par le mauvais temps témoignent de l'intensité des mouvements maritimes. Curieusement, dès qu'on reprend le large, le trafic cesse ; l'hémorragie de cargos prend fin brutalement. Parfois, trois ou quatre bateaux de pêche au milieu de nulle part : à trois mille milles de Tokyo, chalutant sur un plateau de mille mètres de fond perdus au milieu des grandes fosses maritimes.

Le trafic se fait principalement dans le nord du Pacifique. Dans le sud, il ne se passe plus rien. C'est une région maritime à l'hostilité rêche, une région située entre la côte australienne et le cap Horn, seuls quelques bateaux viennent approvisionner des îles qui ne sont que des têtes d'épingle. Je pense aussi à la route de la Nouvelle-Calédonie à la frontière chilienne. La Nouvelle-Calédonie ? C'est le dernier garni postindustriel de ce coin du monde. Toujours cette impression que l'Européen a oublié là-bas, parmi ses meubles, ses pelles mécaniques et ses grues de chantier. Toutes proportions gardées, la même impression est laissée par la présence soviétique dans l'archipel Cap-Vert avec ces flottes de chalutiers russes rouillant dans le port de Mindelo. J'ai souvent navigué de Tahiti à Panamá sans jamais voir un oiseau. Ce côté extrêmement désolé donne l'impression que la nature a décidé de mettre les hommes à l'amende.

L'eau est limpide mais la pêche est maigre. Dans le nord du Pacifique, c'est tout le contraire. Quand on cingle vers la Polynésie, c'est tout notre corps qui ressent physiquement la notion du souffle du monde. J'éprouve cette sensation, à chaque fois, quand je suis en approche des Tuamotu par exemple. Tous les océans possèdent leur propre bande-son. C'est ce trésor sonore que je recherche depuis quarante ans. L'Indien donnera un son plus grave ; le Pacifique plus métallique ; l'Atlantique livrera un son plus chaud. L'angle est excellent par rapport au clapot ? L'équipage joue juste.

Alors, du bateau sortira ce son parfait, celui de la glisse. C'est cette petite heure de gloire, cette entreprise chimérique, qui est notre quête à nous, acteurs des tréteaux maritimes. Les marins sont au fond des accordeurs de piano. On change d'amures et soudain le *fa* dièse que donne le bateau est celui que l'équipage cherchait depuis cinq heures à la manœuvre. Chaque mer est une partition qu'il faut déchiffrer. Le Pacifique, à ce propos, tient de l'œuvre compliquée à exécuter. C'est aussi le plus grand instrument à vent du monde.

L'Atlantique

Ce paysage n'a pas pris une ride. Vu de mer, s'ouvre à nous le pays de la dentelure maritime qui court du cap Blanc-Nez, à la frontière du Calaisis et du Boulonnais, jusqu'au cap Saint-Vincent, cette pointe portugaise qui marque la fin de l'Europe.

Au nord, il y a l'Irlande, ce donjon ruineux pour les navires, une côte en dents de scie avec ses falaises abruptes. Le golfe de Gascogne, souvent agité, ressemble à une tôle creusée par un boulet tiré par un canon sans recul. Ce sont des paysages entrevus par moi il y a quarante ans et qui sont toujours identiques. Ces paysages sont les frontières de mon cœur car je suis de ce Finistère, celui des abers, de ces fjords. Que reste-t-il de nos passages ? Une simple griffure sur l'eau.

Depuis que les marins de Charles Quint au XVIe siècle ont tranché l'Atlantique d'un coup d'épée, ce monde n'a pas été modifié car rien n'a changé sur l'eau. Ce paysage a toujours le même éclat pour moi. J'ai un faible pour l'Atlantique portugais, quand la nuit descend après l'incandescence du jour. Aux mois d'avril et mai, l'Atlantique a presque la même couleur que la mer des Antilles. C'est quand on navigue en nord-sud que l'on rentre dans des tunnels de couleurs, dans d'autres dimensions, d'autres températures.

Mais un beau mois d'avril au Portugal nous rapproche des températures des Antilles.

Les marins portugais n'ont connu qu'une seule lumière, celle de ces bleus tendres. L'Atlantique, par cette latitude, a cette mollesse élastique, la même qu'a connue Magellan qui a navigué sur ce même océan qui devait, par ses couleurs, beaucoup ressembler à la mer au large de Rio.

Il y a une correspondance entre le monde chromatique portugais et le monde antillais. La mer est presque toujours la même. Le marin est porté par cet alizé portugais qui va le poser jusqu'aux Canaries. Déjà, nous sommes sur cette « route bleue » : la route de l'indolence promise, celle qui nous conduit vers les pélicans goitreux des Antilles. Chacun à bord se sent alors le bénéficiaire direct d'une petite subvention de bonheur, mais qui ne dure souvent que le temps d'une aube. Tout cela est fugace car il faut se souvenir que c'est aussi dans le sens nord-sud que la navigation est inquiétante.

C'est pourquoi ces routes ont été empruntées par ces hommes du Nord, vous savez, ceux qui portent de grandes couettes blondes et boivent de la bière dans le crâne de leurs ennemis. Routes empruntées plus rarement par des hommes du Sud. Quand les hommes du Sud remontèrent l'Atlantique, ils furent défaits par la mer ou par l'histoire, à l'image de l'armada espagnole. Ce sont les Anglais qui sont descendus vers la clémence, puis quelques navigateurs bretons. Les gens du Sud montent rarement dans ces mers hostiles du nord de l'Europe. Ils descendent vers des mers plus commodes, vers les sources de la vie, vers les colliers de fleurs, les herbiers antillais et les perspectives tropicales guyanaises.

L'Atlantique est ce guide complet de la création romanesque pour les écrivains de mer. C'est notre vieil académicien avec son bicorne d'écume qui n'aurait pas pris une ride, mais juste une légère marque à l'œil. Il y a des moments de mer qui se ressemblent, ces clapots, ces lumières, ces scintillements d'émeraude, ces reflets d'opaline. Je me souviens de cette traversée Cape Town-Rio avec Éric sur *Pen Duick III*, en 1971. J'ai le souvenir des côtes brésiliennes, de ces pêcheurs sur leur radeau à trente milles au large dans ce courant froid qui descend de Cabo Frio. En remontant la côte vers la Guyane, la mer prend soudainement l'aspect d'un sirop de châtaigne. C'est renversant : la mer est bleue puis, d'un coup, marron. Une limite nette en pleine mer. D'un tapis bleu, le bateau glisse sur un plancher passé à l'encaustique. Comme le rio Negro est noir et que ce noir se mêle avec le havane de l'Amazone, cela donne à l'eau le même teint cuivré des populations du nord du Brésil. La mer est alors une étoffe de velours tiède que l'étrave découpe dans le doux chuintement de la lame. J'ai aimé ces années de navigation, il y a quarante ans, sur *Pen Duick III* et *IV*. On marquait des parcours dans l'Atlantique puis sur toutes les mers du monde. Notre savoir météo était bien mince à l'époque. Maintenant, on glisse sur ces mers infiniment plus vite qu'il y a encore dix ans. D'abord, les bateaux sont plus rapides, plus grands, et les relevés météo consultables sur Internet ont bouleversé nos habitudes. C'est un progrès qui m'émeut. Quand j'embarquais avec Éric, nous avions l'impression de vivre de très grands voyages quand nous remontions de Rio vers la Caraïbe, par exemple. Une carte à bord : « America del Sur ». Pas vraiment de détails, faut bien l'avouer, si bien qu'un matin on avait failli s'emplafonner une île qui n'était évidemment pas sur notre carte.

J'ai traversé toutes les mers pour gagner leurs délicates puissances, pour leurs vierges solitudes, pour l'exactitude de leurs colères. L'Atlantique fut ce premier amour.

Je reste toujours séduit par cet océan si on sait accepter avec patience l'enchantement de sa peinture. Je suis venu pour le grand océan. J'ai ressenti cet appel dès mon premier tour du monde en 1973 sur *Pen Duick VI*. Et l'Atlantique Sud alors ? Une côte qui commence à l'équateur et qui va jusqu'au 25° sud. Quand on passe l'Uruguay et le long des côtes argentines, il s'agit d'un autre monde. Une côte rugueuse, dure, avec le pampero, ce coup de vent qui descend des montagnes, facilement soixante-cinq nœuds de vent. Que de trois-mâts ont été mis au tas ! C'est le souffle d'un train de marchandises s'engouffrant dans un tunnel. Puis l'Atlantique Sud, c'est déjà d'autres couleurs, d'autres odeurs. Les bleus perdent de leur couleur. Ils perdent de leur sérénité. Ils deviennent foncés comme un coup de crayon noir dans la toile. C'est un coup de fusain dans le paysage. C'est la chambre noire dans laquelle défilent les nuages. On voit apparaître très au nord les premiers albatros. Le Grand Sud est juste derrière cette frontière : le clair-obscur et la fin des voluptés entrevues. Pour peu que le vent vienne du sud, les températures chutent d'un coup net. Cette côte argentine, quand on approche Mar del Plata, est le royaume des lions de mer. On est immédiatement pris par la forte respiration des altitudes qui enveloppent la mer. Le Río de la Plata qui descend des Andes apporte cette bouffée d'oxygène aspirée des hauts plateaux. Nous avons dégringolé les longitudes. La porte du monde sauvage peut s'ouvrir.

Ces paysages atlantiques, je sais que je les ai aperçus il y a dix ou quinze ans, voire trente ou quarante ans. La mer avait pris cette gueule-là ce jour-là. Je ressens cette impression de déjà-vu, la même que lorsque je me balade en voiture : mon œil peut s'arrêter sur des endroits de mon enfance, des décors qui ressemblent à des lieux que j'ai aimés, parfois rêvés, comme ces grands ormes qui vont me rappeler tel souvenir. Cela écrit, il faut se garder toutefois de regarder la mer avec l'œil d'un curiste : ce n'est pas qu'un simple édredon de beauté. D'abord, la mer est endroit d'hostilité. Une nature brute, un monde sauvage. Quand je m'y aventure, j'ai l'impression d'être le premier homme. Mais tous les marins ont ressenti ce même choc primitif. Surtout nous, Bretons, quand il s'agit de l'Atlantique Nord, un lieu de grandes mortifications pour le monde de la pêche. Il n'y a pas d'habitués dans cet Atlantique et pas d'habitudes.

Cette réserve de violence sans fin ne correspond plus du tout à notre monde domestiqué et si habitué aux fameux principes de précaution.

À chaque fois que je reviens de mon pays de mer, j'ai l'impression que la France s'offre un genre nouveau. Mais quel est le spectre qu'elle peut bien craindre pour gober des sornettes pareilles ! J'ai toujours l'impression d'être un Français médiéval qui débarque, un personnage sorti d'une tapisserie d'Aubusson qui a étudié le cadastre du monde et qui se prend, sur les pieds, le poids des nouveaux interdits. Cet argumentaire de

« précaution » m'assomme et me fait penser aux recommandations qui m'enrageaient quand j'étais gosse. Ne pas planter sa cuiller dans le potage. Mange, ça va être froid. Tu vas te brûler la langue. Pourquoi s'est-on, à une époque, montré si frileux au sujet des multicoques ? Sous le prétexte de naviguer dans des régions éloignées de toute terre, parce que loin de toute garantie de secours ?

Mais c'est contraire à la pratique du risque qui est la construction même du métier, son essence, et son progrès. Les marins ne sont pas des flagellants qui s'infligent des pénitences. Le marin n'a pas vocation à se laisser conduire dans la grande abolition des risques. Le théâtre maritime atlantique ne doit pas se laisser gâter par l'influence des comédies terrestres. Notre action familière est animée, grave, violente, parfois pittoresque et il arrive qu'elle nous tire vers la froide tragédie. Est-il besoin de rappeler la liste des disparus en mer ? Notre théâtre est shakespearien, ce n'est pas du Guitry, certes maître virevoltant de l'esprit français, mais en décalage complet avec ce que vivent les gens qui font ce métier.

Cette idée de « précaution » est à vomir. Elle s'est tellement répandue dans la société que je ne résiste pas au plaisir de raconter cette histoire. Quand Philippe Monnet en eut fini avec l'Atlantique dans son tour du monde contre vents dominants, au cours de la conférence de presse, il eut cette phrase qui résume tout : « Maintenant que je vous ai tout dit, racontez-moi quels sont les nouveaux interdits auxquels j'ai pour l'instant échappé. » Tout est résumé. J'entends souvent dire que l'Atlantique a perdu son caractère singulier car devenu terrain de jeu de toutes les courses. En partie vrai, mais les grandes victoires, les grands records, c'est toujours l'Atlantique qui en fait toujours le dernier octroi. Ce n'est pas un océan pensionné par la marine. Il ne vit pas de ses rentes. Il est actif. Il gouverne avec démesure et fait plier comme du fer-blanc des tankers de deux cent mille tonnes. Si l'Atlantique était un personnage historique, il me ferait penser à Henri VIII, un sanguin, un foutu querelleur qui décapitait à tour de bras, se battait comme un chien, mit Rome devant le fait accompli du schisme, tout cela pour coucher avec ses maîtresses et évidemment pour être toujours en règle avec Dieu. On me dira que la notion de l'éloignement ne tient plus, pour le coup, car le vainqueur du Rhum a mis sept jours en 2006 – Lionel Lemonchois pour qui j'ai grande estime – pour toucher Pointe-à-Pitre. Les coalitions des vents sont vite démasquées aujourd'hui. Les météorologues ont une connaissance très fine de ces phénomènes. Leurs prévisions sont souvent d'une grande justesse. De sorte qu'un armement, partant de Brest, ou de Cowes par exemple, sait à quelle heure il touchera le flux favorable. Ce sport a fait des progrès étonnants en vingt ans. Ainsi, aujourd'hui, les prévisionnistes sont en mesure d'affiner à la demi-heure près l'arrivée d'un voilier sur une épreuve transatlantique. Mais personne ne se risquerait à publier toutefois un indicateur des chemins de fer de l'Atlantique, faut pas pousser non plus. Ce qui est nouveau dans notre façon d'appréhender la course au large, c'est qu'aujourd'hui, avec les prévisions de vitesse, on peut se détourner pour aller chercher une veine de vent. Rallonger la route pour gagner du temps comme vient de le faire, à vingt-six nœuds de moyenne, mon ancien coéquipier Coville – en raflant le record de la traversée de l'Atlantique en solitaire. C'est grâce à cet enjambement, ce pas de côté pour les terriens, que tombent les records et que se construisent les victoires. Il est reconnu qu'avec les multicoques d'aujourd'hui, qui marchent à plus de trente-cinq nœuds, parcourir cinq cents milles de plus, soit à peine une journée de mer, ne constitue plus un handicap insurmontable.

Car, au bout du compte, c'est finalement tout petit, l'Atlantique : deux mille sept cents milles de largeur. On pourrait le comparer, mais seulement quand il est bien disposé à notre égard, à une départementale dont le marin connaîtrait par cœur toutes les droites, toutes les courbes. Je traverse un patelin : je lève le pied car la dernière fois j'ai failli me faire flasher par ce foutu radar. Ainsi ce serait donc ça, l'Atlantique ! Je ne suis pas éloigné de l'idée que cet océan serait devenu la piste préférée pour les chevaux de course que sont nos bateaux car le skipper garde en mémoire ses propres sorties de route, ces virages qui étaient en travaux, et ce fameux coup de chien d'automne qui l'a surpris. Il ne manquerait donc que des bornes Michelin sur l'Atlantique ?

Ce que je sais, c'est que je retrouve avec joie ces moments de plénitude atlantique. Cette même lumière et cette même forme de la vague. Était-ce en 1968 ? En 1983 ? Il n'y a pas que des moments de grâce. Parfois la mer est laide. Elle est sans brillance, grise. J'ai alors cette impression de me retrouver à terre, dans une sous-préfecture, à contourner des enfilades de ronds-points. La mer est alors un univers d'ombres portées. Mais cette mélancolie peut être enchanteresse. Cette mélancolie, c'est celle de l'ombre qui se détache de mon verre dans un bistrot du port.

Je ne sais pas à qui je dois cette colossale mémoire des lieux. C'est bien simple, je me souviens à quelle distance des côtes j'étais quand j'ai passé la dernière fois les Canaries, ou des quarante-deux milles que je n'avais pas pu gagner dans l'Ouest cette année-là. L'Atlantique a cette faculté d'activer ma mémoire. Jamais aucun tâtonnement de ma part. Je me souviens que j'avais été acculé à la côte et puis que cette rotation ne s'était pas produite et, par conséquent, j'avais dû tirer des pannes. Tout cela était hier et est à jamais inscrit en moi. Un peu à l'image du cavalier qui se souvient d'un cliquetis d'éperon qui avait annoncé le refus de sa monture, car c'était peut-être bien un mercredi des Cendres que tout ça s'est produit. Au moment où ces bords furent tirés dans l'archipel canarien, disons le jour de la Saint-Yves, je revois nettement la silhouette de mon gars à la barre, quel jeu de voiles portait le bateau, quel était l'angle du vent, l'état de la mer et quels étaient les hommes de quart. Heure par heure, je me souviens de toutes mes routes empruntées. En 1969, en 1977, en 2003. C'est quelque chose de très imprégné en moi. Qui vit en moi. Ou encore, je me rappelle que l'Atlantique avait ce jour-là sa vague hérissée, le cheveu plat, ou sa raie sur le côté. Que cet océan avait sa longue houle, souple comme de longs cils de demoiselle. Ou encore s'il faisait beau et chaud, et si l'épiderme de l'Atlantique sans taches offrait sa longue et reptilienne peau bleue au soleil.

Même quand j'aurai le pas lourd du buffle d'eau, je lui serai toujours reconnaissant de la plus magistrale correspondance qu'un océan puisse fournir à un marin. Cet océan m'a donné de la conversation. Mais c'est à regret que je prétends que l'homme l'a réduit. Il était la route des acheteurs de poivre, de clous de girofle. Il est aujourd'hui la monnaie commune des coureurs au large. J'ai toujours dans ma poche les premières pièces frappées par la presse hydraulique du grand large, les mêmes qu'avaient sur eux Éric Tabarly et Alain Colas. Jamais je ne les échangerai.

L'Atlantique Nord est un océan dans lequel tout marin de grand large a appris à lire ; ce qui n'empêche pas de buter sur les mots car il faut parfois des lunettes de linotypiste pour reconnaître ses différents caractères. Si bien qu'on peut se ramasser de très grosses fessées et se retrouver au piquet. De jolies corrections mais au moins c'est net. Pas traître. On voit le martinet arriver. Il sort de dessous le bureau. Mais on sait qu'on n'y coupera pas. On est prévenus.

Toutes proportions gardées, c'est un océan assez petit finalement, l'Atlantique Nord : ouest-est trois mille milles. Qui n'a pas entendu parler du Gulf Stream, ce courant chaud qui longe les côtes américaines et vient mourir en Islande ? On sait aussi les dangers que représente la descente des glaces jusqu'à Terre-Neuve. Dans les transats, il faut se méfier des icebergs avant d'arriver sur l'île de Nantucket (États-Unis) et se méfier encore quand on passe au nord de l'île de Sable à trois cents milles au sud d'Halifax (Canada), en Nouvelle-Écosse. Aujourd'hui même, avec les moyens sophistiqués de navigation, l'Atlantique Nord reste toujours un endroit périlleux. En remontant beaucoup plus, vers les 57° nord, les vagues de trente pieds (quinze ou seize mètres) sont fréquentes. Elles se chevauchent, d'une houle à l'autre. Un manège monstrueux. On peut rencontrer des situations de mer vraiment mauvaises mais elles ne durent pas. Pas comme dans l'Indien. Ou dans le Pacifique.

En cas de difficulté, comme il y a du trafic, un bateau peut se dérouter et porter secours. Parce que dans le Sud, il n'y a personne et il n'y aura jamais personne. C'est une immense différence. Et je peux en témoigner.

J'ai perdu *Kriter IV*, mon trimaran de vingt-trois mètres. Dans une tempête. Le 7 avril 1979. Nous étions cinq à bord. On était en tentative de record de l'Atlantique. L'anémomètre oscille autour de trente-cinq nœuds. Nous tenons la cadence. Nous avons couvert en cinq jours la distance que la goélette de Charlie Barr et de ses cinquante hommes d'équipage avait mis six jours à parcourir en 1905. Nous avons eu même une journée à quatre cent quatre-vingts milles. J'ordonne alors de tout affaler car le flotteur tribord est en train de se disloquer. Le vent monte à quarante-cinq nœuds. Nous aurons par la suite soixante nœuds de vent établi : une mer terrifiante. Nous sommes à la limite du « bonnet flamand ». Je demande à des hommes de lancer un appel de détresse sur le canal 2182. Un cargo suédois, l'*Atlantic Song* de la Wallenius Lines, le reçoit et se déroute. Mais il ne sera pas sur zone avant sept heures. La mer est si grosse que les hommes de la passerelle m'avoueront plus tard n'avoir aperçu que les mâts : pas la coque. J'interroge l'architecte. Il faut passer par Saint-Lys Radio. C'est long et incertain. La structure peut-elle tenir car nous sommes à sept cents milles des Açores ? Il me rassure. Mais je retourne inspecter une nouvelle fois. La structure a du jeu et le flotteur bouge par rapport au bras. Les liaisons vont lâcher les unes après les autres. Il faut évacuer. L'*Atlantic Song*, cent trente mille tonnes qui sortent de l'eau, et qui attendait notre ordre d'évacuation, passe alors par notre arrière. Les rafales sont à plus de soixante-cinq nœuds, comme l'indique l'anémomètre. Je fais envoyer la trinquette et nous passons sous son couronnement arrière. *Kriter* est alors sous son vent tribord, sous l'échelle de corde qui se balance.

Le capitaine, un homme d'expérience, ordonne de mettre les machines avant demi et bâbord toute : je me trouve alors dans la perturbation qu'il crée et *Kriter IV* colle à sa coque. Les hommes, un à un, escaladent la muraille de métal. Certains pleurent de rage. Et de joie d'être saufs.

Cette « fortune » de mer est arrivée quelques mois après la disparition d'Alain Colas dans la Route du Rhum. Alain avait disparu avec son trimaran en aluminium. Nous avions aussi presque un tour du monde avec *Kriter IV*.

Dans les cales du cargo, du gros matériel de travaux publics. Un engin avait arraché les câbles. Libre, il glissait d'un bord à l'autre, me confiera plus tard le commandant Sjöberg, un marin hors du commun. Je hurlais : « Prenez les passeports, c'est tout. Rien de plus ! » En tant que patron, j'ai débarqué le dernier : vingt-cinq mètres de ferraille à monter avec le bateau qui gîtait. En bas, *Kriter*, minuscule, se disloquait. Michel Etevenon, notre commanditaire, promoteur de la Route du Rhum, fut une fois de plus extraordinaire.

Je voyais le flotteur tribord se disloquer et bâbord complètement fracassé ; il s'enfonçait un peu plus à chaque vague qui venait le cogner. Presque trente ans après, j'ai toujours le cœur qui saigne d'avoir perdu le bateau. Mais sans ce cargo nous serions morts. Pour moi ça a été un déchirement. Perdre un bateau, c'est perdre ses rêves. Et puis, à cette époque-là, perdre un bateau, c'était une chose extrêmement grave. Pour nous, il y avait toujours l'idée de ramener le bateau à la maison. Colas et moi avions la même BLU à bord, exactement le même modèle. Quand nous avons suivi les instructions de l'appel de détresse en appuyant sur un bouton rouge marqué « appel automatique », nous n'avons eu aucun résultat ; l'homme qui s'en occupait était remonté sur le pont pour me demander s'il pouvait recaler la fréquence. J'ai souvent pensé à Alain qui, lui, étant seul, avait peut-être appelé désespérément sans jamais avoir été entendu. En fait, j'y ai pensé toute ma vie. Mais mon équipage était sain et sauf. L'Atlantique, d'une certaine manière, nous avait mordus jusqu'au sang. L'avant-veille, on battait le record du monde de distance en vingt-quatre heures qui, à l'époque, était de quatre cent quatre-vingts milles.

C'est sûrement par la suite que j'ai beaucoup insisté pour construire des bateaux avec « ceinture et bretelles ».

En Atlantique Nord, très souvent lors d'une rotation de nord, quand le vent passe de sud-ouest à ouest, la mer également « tourne » dans les six heures qui suivent. Et la houle fait de même. D'où des mers croisées. Mais les rotations sont, tout compte fait, assez rapides.

J'ai toujours été assez émerveillé par ce phénomène. Cela dit, la mer est relativement bien « rangée » en Atlantique Nord.

J'ai attendu souvent pour appareiller six heures après la rotation de vent pour être au début de la rotation de vagues parce qu'elle permet une meilleure glisse.

Je me souviens que nous nous étions élancés derrière Steve Fossett lors d'un Jules Verne. Fossett avait appareillé à la rotation du vent. Moi, j'avais appareillé trente-neuf heures derrière lui. Quand on était au sud du Cap-Vert, j'étais à dix heures derrière lui et lui avais pris vingt-neuf heures en quatre jours.

Entre Atlantique Nord et Sud : un monde ! On a changé d'océan, on a changé de lumière, on a changé de couleurs, on a changé de tout. En fait, entre cette bande nord qui commence au cap Finistère et qui va au sud de l'Angleterre, nous sommes rentrés dans une mer qui est très similaire mais qui par la lumière n'a pas la même pigmentation. Les dépressions sont au nord. En nord-sud, le changement est très fragmenté, et ça sur toutes les mers du monde. C'est immense, c'est vaste. On se dit : « Qu'est-ce que ça peut faire, on est trois cents milles plus nord ou plus sud. » Mais trois cents milles plus nord ou plus sud, c'est un gouffre de différences.

Le golfe de Gascogne, je le mets où ? Encore nord ? Déjà sud ? Ces descentes vers le Cap-Vert, je les ai faites près de quarante fois. Des descentes d'entraînement sur vingt jours, aller-retour. Dès qu'on a franchi la latitude du Portugal, la mer commence à se calmer. En approche du cap Saint-Vincent on sent déjà que l'on rentre dans un climat presque africain. Les bleus deviennent plus éclatants.

Que de milles en entraînement avec *Pen Duick III*, *Pen Duick IV*, *Pen Duick VI*, *Poulain*, *Charal*, *Lyonnaise des eaux*, *Sport-Elec*, *Geronimo*... Le golfe, c'est un endroit clos, un enfermement pour le marin. Le système météorologique prend de l'ampleur dans ce cul-de-sac, entre les sommets espagnols et la côte landaise, plate comme la main. Le système météorologique qui vient se centrer là fait tout bouillonner. D'abord, il ralentit en général et reste parfois même un peu stationnaire. Il a tendance à se déplacer aux alentours des trente nœuds et chute à cinq ou six nœuds au final parce qu'il va buter sur un anticyclone fort : l'anticyclone des Açores. Donc, dans ces zones-là, se crée vite une marmite du diable. Si par-dessus le marché nous arrivent de grosses houles du large, il s'agit alors d'un des derniers endroits les plus rugueux du monde. Mais quand on sort de ce chaudron, c'est de la glisse jusqu'au sud de l'anticyclone de Sainte-Hélène. En général, dès que le vent passe, c'est là que ça se redresse pour être nord le long des côtes du Portugal et nord-est dès qu'on a passé Gibraltar. Le vent tourne. C'est véritablement un autre monde alors. Un monde parfait pour jouer avec la mer. Celui qu'on vient de quitter était, lui, un monde de souffrance.

Le propre de ces « atlantiques » est de donner des couleurs. Ce qu'on verra au milieu de l'Atlantique n'aura pas la même gueule qu'à cent milles au sud de Concarneau. La mer change. Elle n'a pas la même tête. Elle aurait tendance à être moins noire, à être plus verte, comme au cap Horn, par exemple. La mer ne déroule jamais ses bleus de la même façon.

La mer Ouest Irlande

Une mer courte, trapue, nuque rasée et bien dégagée derrière les oreilles. Regard franc mais on devine dans son iris vert foncé que les choses peuvent vite se gâter. Ici, les gris sont encore plus prononcés qu'en Iroise. Il va falloir remonter très au nord pour retrouver les belles lumières, en été tout au moins. L'hiver, quand on se dirige vers le nord de l'Écosse, il faut avoir tué père et mère pour s'aventurer là-bas. On navigue au vent d'une côte découpée qui a arraché la chair de la terre. Les phares sont à deux cent cinquante mètres de hauteur posés sur des falaises qui tombent à pic. Des falaises ? Des forteresses conviendraient mieux. Dans la nuit, on dirait des dagues plantées avec, à leur sommet, l'éclat intermittent du feu. Cette mer est un immense broyeur, un pétrin maudit dont on sort moulu. C'est une mer « moyenâgeuse ». Pour nous, Bretons, c'est une féodalité inquiétante soumise aux régimes dépressionnaires. Si bien qu'on passe vite de « tout va bien » à « tout peut aller mal » (en une demi-heure). C'est un monde hostile situé à moins de cent milles au nord des côtes bretonnes. C'est certes une mer avec des abris mais, pour rentrer dans les ports, il faut passer des seuils que forme la roche. Au contact de cette roche, la mer est souvent froissée et commence à bouillonner. Ensuite, il y a un ressac terrible. Et pourtant, Dieu sait si ça a navigué quand même ! L'Angleterre régnant sur le monde maritime a emprunté cette sortie de Manche : Ouessant à bâbord et la Cornouaille et Land's End à tribord. Les trois quarts de la flotte mondiale sont passés par ce trou de l'enfer. Quand je navigue en mer d'Irlande, je ressens toujours une légère torsion dans les reins. J'ai assez peu d'estime pour cette mer. J'ai toujours pensé à une charnière qui gémit. L'Irlande est une pierre d'encoignure. À ses pieds, une mer de résistance. Avare de plaisirs, élevée à la dure. Avec parfois des verts étonnants. À bâbord, on croirait que la faucheuse est passée dans la prairie tant le vert est foncé. À tribord, la mer « pousse » encore car le vert est tendre.

La mer d'Iroise

Ouessant, Sein, Molène, l'une des zones du monde où il y a le plus de bouées et de balises, de phares et de feux. Entre l'île de Sein, Le Four, Ouessant, la pointe Saint-Mathieu, le cap de la Chèvre, la pointe du Raz, tout n'est qu'un jardin d'épines sur une mer médiévale qui se défendrait contre les intrus. Au couchant, on dirait un orchestre des ténèbres où brille l'éclat des cuivres. Un accordéon de récifs sur lequel viennent culbuter les forts courants. C'est la mer des grandes nefs et des grandes orgues. À la limite du plateau continental, c'est alors la pointe qui s'avance. La chaussée de Sein, par exemple, où la terre s'étire du cap Sizun, comme un grand carnassier jusqu'à vingt milles au large, jusqu'au phare d'Ar-Men. Une chaussée bouillonnante. La climatologie n'est pas vraiment riante. Beaucoup de brumes, beaucoup de pluies, beaucoup de gros temps et énormément de tempêtes.

L'Iroise est une mer sanguine qui plante ses couverts dans la table. On ne rentre pas en mer d'Iroise par effraction. En plus, elle a souvent le poil hérissé. On est à 48° 30' nord. Le très mauvais temps est souvent centré à 49° 50', 48° 51', parfois 47°. Il s'agit d'une zone météorologiquement très attaquée par les dépressions. Une zone hennissante qui ouvre son poitrail en hiver. Ici, la tempête est toujours sur le feu de la gazinière. Prête à être servie. Une zone où il ne faut jamais se fier à la pitié du ciel. C'est une zone de courants puissants. Le territoire des cailloux. Évidemment très peu empruntée par les plaisanciers. Les Anglais passent la pointe du Raz mais toujours en compulsant l'annuaire des marées. Et trois fois pour être bien certains que l'annuaire dit vrai. Il y a quinze mois, le remorqueur *Abeille Bourbon* a découvert un nouveau caillou parmi ces cailloux innombrables qui entourent Molène. La mer d'Iroise peut vous éborgner comme un rien. Cette mer est habitée par le vent. Naviguer dans le nord d'Ouessant par vents contre et courants de noroît prend des allures de lutte. Le passage du Fromveur est ce chenal qui passe dans le sud d'Ouessant, entre les phares de la Jument et Kéréon. Le courant approche les dix nœuds et le marnage dépasse les sept mètres en eaux vives. On embouque le Fromveur avec dix nœuds de vent, grand-voile haute. Tout va bien, la mer est belle. Soudain, le vent est à contre-courant. Vite, un ris ! Et puis il y a ces creux absolument maudits ! C'est une mer de souffrance, de pêche, de travail. Une mer qui meurtrit, blesse et mord jusqu'au sang. Donc, une mer de ressources.

Les pêcheurs ne peuvent pêcher que dix ou quinze jours par mois. Dès que la marée est au-dessus d'un coefficient de 80, pas moyen de mettre les filets. Le courant va tout emporter. Rien ne tient, rien ne résiste. La mer va tout déchiqueter.

Mais c'est aussi une mer qui a ses couleurs propres. On connaît la Bretagne Sud et ses fameux pastels d'hiver : ciel plombé couleur de zinc qui s'étire et vire au miel vers seize heures.

L'Iroise, hé hé, c'est autre chose. C'est le royaume de la peinture à l'huile. Quatre saisons dans la même journée. C'est tranché, violent, coupé net comme avec une feuille de boucher. C'est presque un noir à la Pierre Soulages qui fait frissonner. Puis, dans le quart d'heure qui suit, le ciel se débouche et vire au gris métal. Puis, à nouveau, le voilà qui fronce les sourcils et vire au noir, marqué d'un liseré d'or à l'horizon.

Je suis en mer. Je fais route vers la terre. La côte est plongée dans l'ombre. Soudain, une trouée de lumière sur la pointe de la Chèvre, là où la roche vire au beige. Le rayon de nicotine tombe dans une vasque et irradie la côte. C'est la lumière du Hoggar qui allume la pointe de la Chèvre. L'Iroise, c'est ma tapisserie d'Aubusson.

C'est une mer extrêmement difficile. Elle ne laisse pas tranquille le marin. Elle est inquiétante, elle le tourmente. Il y a des jours où ce n'est même pas la peine d'essayer d'embouquer le chenal du Four. C'est peine perdue. Mais c'est pourtant une mer qui a été très pratiquée par les îliens.

Les anciens de l'île de Sein ne pouvaient se permettre de bafouiller quand ils empruntaient la chaussée de Sein avec ces cailloux épars sur une vingtaine de milles. Je me souviens que les anciens me disaient qu'ils rentraient au son que faisait le courant sur la roche dans la brume : tantôt il chuinte ou roule, glisse ou glougloute comme dans une conduite de zinc. C'est une zone complètement mortifère. Les Sénans ont délimité leur île : la mer « d'en haut », c'est-à-dire au nord et redoutable ; et la mer « d'en bas », au sud, une mer de siphon et de tourbillons. L'île de Sein, vue du ciel, a la forme d'une peau de mouton. Elle s'étire comme si elle était tannée. C'est une terre coiffée par le vent et sans épis, puisque pas un arbre ne pousse. Elle est si plate qu'on dirait que les Sénans ont tapé fort du pied pour se réchauffer. Riguidel disait : « L'île de Sein, elle est tellement au ras de l'eau que si t'enlèves un caillou, elle coule. »

Ouessant est la plus grande de ces îles. C'est même un canton avec un conseiller général barbu qui ne chausse que des sabots. Peu de pêcheurs à Ouessant. C'est une île de marins de commerce. On l'a longtemps appelée « l'île des Femmes » parce que les hommes partaient pour de longues campagnes. Tandis que Sein et Molène sont des îles de grande tradition de pêche avec un immense savoir maritime. La population à Molène, par exemple, est très attachée à son église. Toujours plus d'hommes que de femmes le dimanche à la messe. Tout le contraire à Ouessant où l'église est vide d'hommes. Un seul curé pour les deux paroisses, le père Tanguy, un ancien de la marine.

Tout est grandiose sur Sein : simplement un mètre cinquante au-dessus du niveau de la mer. À cinq milles à l'ouest, Ar-Men, qui éclaire la chaussée de Sein. Le phare le plus éloigné de nos côtes : près de quarante mètres et presque quarante ans pour l'ériger sur un rocher gros comme une tête d'épingle. Mais Sein, c'est l'appel du 18 juin. Cent vingt-cinq Sénans qui rejoignent de Gaulle : « L'île de Sein, c'est un quart de la France », avait dit le grand homme. Cette île est extraordinaire et d'une beauté ravageuse. Pas d'âmes au rabais là-bas. Une île de grand caractère. Population insoumise et muette, mais fidèle jusqu'à la mort. Il y a un quant-à-soi chez ces îliens. Ce ne sont pas des gens prompts à prêter l'oreille aux enchanteurs de passage.

Ils sont chez eux. Ils sont dans leur île, dans leur histoire, dans leur monde. Les îliens sont dignes et denses comme le marbre. Mais c'est vrai que sur ces îles, en hiver, la vie est d'une grande rudesse. À Ouessant, lors des tempêtes de noroît, les embruns montent à vingt mètres. Les vagues sont énormes. L'île est agressée, entourée d'un monde féroce. Sein a subi de telles tempêtes que l'île fut recouverte par la mer.

Ce monde insulaire est un monde clos : la nuit, le feu d'un bateau lointain, les gens réunis autour d'un poêle en fonte et le tic-tac de la pendule, les casquettes en toile accrochées aux patères alors que, dehors, la pluie ramollit la terre.

À Molène, quelques familles pêchent toujours le homard. Les familles de pêcheurs sont encore nombreuses. Il y a encore des gosses scolarisés dans chacune de ces îles. Mais ils ne doivent pas être plus de dix à l'île de Sein. Et cette mer autour qui est une mer solide. Les Molénais et les Ouessantins sont nés dans l'eau. D'excellents marins. Quand je vois les vieux, mais qui ont parfois mon âge, ou encore les capitaines et les équipages des bateaux de sauvetage, je me dis : « Bon sang, ça, c'est du beau marin ! » Ces équipes bénévoles du sauvetage possèdent un cœur énorme. Ces gens d'Iroise sont nés dans un monde sans pitié. Ils n'aiment pas la publicité. Ils sont insensibles au calcul. On n'est pas dans « il paraît que ». Moi, j'ai adoré naviguer sur cette mer. C'est la piste d'entraînement idéale pour les navigations. Tous les mondes maritimes à portée de main, en quelque sorte. Et puis ce vent de la mer qui arrive sans frapper à l'intérieur des terres. On entend quand la mer va se fâcher. Et, en même temps, ces îles sont des paradis, froids peut-être, mais des paradis. Les gens de passage n'arrivent pas à y laisser d'empreintes. Elles sont effacées par les éléments. La mer d'Iroise, quand on arrive d'un tour du monde, marque la fin du trajet. Iroise marque le retour au pays bosselé. La mer explose. L'Iroise m'a aguerri. Ici, ce n'est pas tordu, c'est difficile. C'est le pays entouré d'une couronne d'épaves. L'Iroise est une mer à qui on présente les armes quand on rentre de campagne.

Le royaume du vent

Il tonne, siffle et tire à lui toute la couverture du ciel en ronflant. Il est mon nez qui me sert à voir. Le vent parfois pue l'orage équatorial. Sur un atoll tout est doré, bleuté. Paisible. Puis le vent se lève. Les cocotiers changent subitement de forme. Là où les palmes n'étaient que des parasols sous le ciel rose, elles deviennent des plumeaux de concierge. Le vent a pris à rebrousse-poil les cocotiers. Ce qui était immobile dans le soleil vernissé n'est plus qu'ombre. Le vent a tordu le cocotier comme un cintre. Il le balance, le détrousse puis le retrousse.

Le vent, pour le marin, est dynamique, musclé, propulsif. Le marin peut le tailler. Lui donner plus encore de tonicité. Il est insensible à la pitié du marin. Il est la violence dont a besoin le bateau pour respirer. Tout d'un coup, tout se transforme sous l'effet du vent. Il va m'aider à décapiter toutes les crêtes, à araser les sommets des vagues.

En Atlantique, la mer tourne avec le vent. Six heures après une rotation du vent, la mer, qui était ouest, va devenir nord-ouest alors que dans le Pacifique, c'est chose impossible car le train de houle dépasse parfois les quatre mille kilomètres. Le vent ne va donc pas peigner la mer comme c'est le cas dans l'Atlantique. Lors de la Route du Rhum 2006, les bateaux naviguaient sur une moquette. La course s'est déroulée à près de vingt nœuds avec la lame toujours dans l'axe du vent. Un tapis roulant. Une glisse magnifique, grandiose, aérienne presque. Le vent poussait cette flotte de bateaux, une charge de cavalerie. On aurait dit une main qui travaillait toute seule, élégante, rapide, sûre. Toute l'âme de la course dans un seul trait de six mille cinq cents kilomètres.

Quand j'étais enfant, le vent me ramenait les sons du bourg. C'était les cloches de l'angélus ou le son de la Panhard du notaire qui rétrogradait en côte dans un nuage de fumée bleu de Prusse. Le son du quatre-cylindres porté par le vent nous donnait une signification : tiens, il est dix-huit heures, le médecin rentre de ses visites. Aujourd'hui, pas moyen de vivre à la campagne sans entendre vingt fois le bruit d'un moteur à explosion dans une journée. La bande-son a changé. C'est le vent qui nous le dit. Comme il me disait que les blés étaient mûrs quand j'entendais début août le bruit mat de la batteuse et de son monomoteur Diesel.

La nuit, le vent portait les aboiements des chiens de ferme en ferme. Sous la couverture, je me disais que le renard venait de dévaster le poulailler de Tygwenn. La façon dont le feuillage se tord quand le vent monte. Le vent accuse les rides de la mer. Il fait pleurer le jardinier. Il gonfle les caleçons, ravit la lavandière et enrichit le couvreur. Il met à l'épreuve les grands ormes. Il porte le coup de grâce au grand peuplier d'Italie, celui qui était déjà un peu malade, et qui va bientôt s'ouvrir en deux. Ce retournement du vent dans le chêne torturé est un bruit qui me dit qu'une grosse mer va se lever. Il annonce le très mauvais temps pour toute la semaine et explique qu'il n'y aura pas de carrelets pendant quatre jours au Conquet. Le vent en Bretagne a des identités. Il palpe en mai, polit l'estivant de juillet et se fait fauve de novembre à mars.

Je n'ai jamais considéré le vent comme une masse d'air qui se déplace. Une basse pression qui aspire l'air. Ou une dépression qui crée une autre pression. Et ainsi de suite. Le 20 juillet 1969, je suis à la barre de *Pen*

Duick IV à six cents milles d'Hawaï. On apprend que l'homme a marché sur la Lune. Un sanctuaire pour nous essentiellement romantique. Et v'là qu'un type marche dessus ! Je me dis : « Merde, ces gars sont gonflés ! » Soudainement, cette brillance nous accompagne, et, poussée par le vent, change de signification. La lune donne des lignes d'éclairage mais que fout ce type au-dessus de la croûte terrestre ! La lune donne des couleurs à la nuit. Fait briller les bleus. Éclaire d'un gris métallique les lignes de crêtes. Les nuits de demi-lune, le vent satine l'atmosphère. Mais le vent coiffe la mer. Lui donne du volume et ensuite une touche de laque. Puis défait cette construction appliquée en transformant l'horizon de ses vagues en gradins de stade.

Parfois, le vent arrête de respirer. Il boude. Quand le vent s'arrête, tout s'arrête. La mer devient morte et se transforme en étuve. Nous étions violets de froid il y a cinq jours, nous voilà vermillon. Plus d'écoulement d'eau, disparu le bruit de l'étrave qui découpe la soie. C'est ce qui se passe dans le pot au noir, cette zone intertropicale. « Et si le vent était parti pour de bon ? Disparu. Ne reviendra pas. Fini. » Aujourd'hui, pour mes contemporains, le vent n'est rien d'autre qu'une chaussette rayée qui se gonfle le long des pistes d'Orly. Le vent ? Il durcit la manche à air. Les conquérants en armures du XVIe siècle se sont toujours laissés glisser de haut en bas et ont dégringolé les latitudes. Comme sur une corde. Toujours le vent.

J'ai toujours été très sensible à la brise. Celle du matin à marée basse quand elle lève l'odeur d'algue. Ou bien c'est le vent qui contourne un pâté de meulières, un matin de mai en banlieue, quand l'odeur de lilas monte et gratte la narine.

C'est aussi Dinard, en juin, et ses quatorze mètres de marnage. Le vent vient me chatouiller, apportant l'odeur poivrée du goémon. Le vent est piquant, un peu frais, alors que déjà le sable se réchauffe doucement. C'est le vent de noroît qui se lève et qui fait craquer le gréement sous l'effort. On passe du petit clapotis de fontaine au chuintement de l'étrave dans la vague. Les graves s'accentuent et le carbone chante.

Mais le vent, c'est aussi l'avarie, les difficultés, le chagrin. La radio nous apprend que le remorqueur *Abeille Bourbon* a appareillé de Brest dans la nuit pour le large. Le vent caresse mais il gifle. Il modifie les couleurs. Il change la forme du ciel. Il tourne de vingt degrés. Vais-je passer ? Merde, il ne tourne pas et c'est le cauchemar sur l'eau. Mais le voilà qui tombe et tout redevient maniable, presque enfantin. La mer, qui était épouvantable, s'est lissée comme passée au grand laminoir. Elle est redevenue un endroit de vacances. Ses reflets sont bleutés, presque tendres avec le soleil qui troue la vague. Quelques heures plus tôt, tout n'était que rage, obscurité : les verts viraient au noir le plus profond. Le vent modifie l'orthographe du marin. Il nous oblige à arrondir nos lettres, à les allonger, souvent à les coucher. Je n'écoute jamais de musique. Très handicapé sur ce sujet. Aucune oreille. Rien. C'est parce que je suis rempli du bruit du vent.

Le voyage

On ne voyage plus : on se déplace comme des représentants en cravate et bonnet de bain. Cette soumission au voyage emporte, un lundi matin au vol de onze heures trente-deux, trois cent trente-sept passagers de Roissy vers les averses de Manille, les sommets tibétains ou les sols désertiques du Chili. Que cherche donc cette foule dans les aéroports de Francfort ou de Milan ?

On la sent souvent drainée par des pays racoleurs. Entendu de la part d'un touriste de retour de Panamá : « C'était bien, mais mon robinet fuyait. » Le véritable empoisonnement du voyageur : c'est la plomberie. On s'envole pour les Maldives ou la République dominicaine comme poussé à ne rien ignorer des palmiers et comme si toutes les vérités du monde ne devaient pas être négligées. On ne prend plus le temps de comprendre l'autre. Rien ne compte que la cure de soleil. Des fonctionnaires évaluent sur un boulier chinois les pertes de la journée à l'aéroport d'Atlanta : douze passeports perdus, deux arrêts du cœur, quatre nounours en peluche, quatre chaussures gauches et trois béquilles droites. Le voyage, ce temps arrêté, n'échappe plus aux statistiques. Je ne prétends pas qu'une solide culture gréco-romaine est le meilleur passeport pour visiter le Parthénon, pas plus que d'avoir lu les pensées d'Aristote ou de Platon, mais je crois beaucoup à « un état de disponibilité » du voyageur. On peut appeler cela savoir

« se mettre en route », c'est comme un embarquement pour trois mois de mer : la promesse est immense. À mon âge, je pense que mon esprit est toujours le même qu'à vingt ans : disponible.

C'est le plaisir de boucler le sac qui me pousse à appareiller. Un sac qui contient trois chemises élimées, un pantalon aux couleurs passées, un rasoir, deux ou trois livres, une cartouche de cigarettes.

Il y a presque une joie profonde et enfantine à cingler vers l'ailleurs : ciels, couleurs, jardins suspendus. C'est déjà un état d'ivresse légère qui me gagne.

J'ai horreur du repos. Je ne dors pas. Pas plus de deux heures par nuit. Il me faut de l'action. Pas par goût de l'inquiétude, que je n'ai jamais ressentie, mais je suis très sujet à l'impression que le temps m'est compté, que le monde est complexe et que ma mémoire n'est pas encore pleine des choses vues ou que j'aimerais voir.

Je suis fort éloigné de la conception du voyage de Gide car je n'ai jamais voulu réformer quoi que ce soit ni qui que ce soit. Je n'ai jamais été un réformateur. Je reste violemment indépendant, pas du tout sensible aux trucages de la tape dans le dos et plein de hargne pour le tutoiement, cette maladie de la fausse proximité. Je suis d'une époque où l'on appelait les gens par leur nom de famille. Disons que, réfugié dans l'âge mûr, je me suis aussi retranché de certaines familiarités.

Je crois qu'on appartient aux endroits qu'on aime. Je ne me lasse pas des peintures chères à mon cœur : les Antilles, la Polynésie et la mer d'Iroise. Pourtant, je n'ai jamais revendiqué une appartenance quelconque. Les références ethniques, religieuses, raciales, me déplaisent au plus haut point.

De manière générale, ces appartenances régionales, si célébrées, le sont souvent de façon odieuse : le Castillan est chassé par le Basque, le Flamand veut occire le Wallon à grands coups de grammaire néerlandaise. Ces conduites d'exclusion sont en contradiction avec ma morale, avec ce que je suis.

Ces militants sont des imbéciles complets et parfois des factieux. C'est quand l'homme se conduit comme un crétin qu'il est de nulle part et à coup sûr du pays des salauds. Moi-même, quand je me conduis mal, je ne suis de nulle part. J'ai souvent noté que malheureusement l'homme voyage le regard *au-dedans* de soi-même.

La lenteur

Voyager, c'est rentrer dans le décor à pas comptés. D'abord, rester immobile. Attendre que l'hôte bouge, qu'il fasse le premier pas.

J'ai vécu des immobilités qui duraient une semaine en Polynésie, dans la corne de l'Afrique, aux Antilles ou en Norvège, ce pays maritime où les grands mammifères à barbe ne prononcent qu'une phrase par jour.

Savoir apprécier une conversation lente, coupée de longs silences. Savoir rendre une page blanche car on n'a pas su se laisser gagner par le surnaturel et les impalpables histoires de fantômes dans les Caraïbes par exemple. Ne jamais discuter avec passion au risque de se voir disqualifié d'entrée de jeu. Ensuite, essayer de traduire les codes locaux, dire bonjour, ce qui ne fait jamais de mal. Ne pas s'offusquer non plus d'une absence de réponse. Car comment vais-je voir si, à cause de ma profonde méconnaissance, je ne deviens pas tout à coup le centre d'attraction ?

Toujours se souvenir que le voyageur est venu pour voir. Que la seule richesse qui ne s'achète qu'avec du courage, c'est la lenteur.

C'est chose entendue qu'en Afrique un Blanc avec les yeux bleus sera, comment dire, étudié. Mais très vite, si le voyageur fait baisser son rythme cardiaque, celui-ci pourra passer pour un Européen en voie d'*acclimatation* tropicale.

Important : ne jamais légaliser sa condition de touriste. Donc, abolir les signes extérieurs. Jamais de caméra ! Oubliez l'appareil photo ! Avec un camarade, j'ai roulé de Nouakchott jusqu'à Saint-Louis du Sénégal. Un guide nous préparait le thé dans le désert. J'ai vite senti que le guide était perturbé par cette absence d'appareils photo. Il ne comprenait pas. Pour lui, nous n'étions pas de vrais Européens. Il trouvait ça déroutant car tous les Blancs qu'il avait connus avaient l'appareil en sautoir. Nous lui avons expliqué que nous étions là pour la contemplation et que l'appareil photo était le meilleur moyen d'assassiner le voyage que nous entreprenions. Le type s'est gratté la tête et a souri.

Les conseils pour voyager

D'abord, les conseils sont juste bons pour les fonctionnaires de l'éloignement. C'est pas mon métier. J'ai procédé depuis 1966 par intonations successives et par instinct. Je suis resté « flexible » dans mon voyage. Je me suis passé de recommandations. Sinon, autant rester chez soi. Je n'ai côtoyé ni diplomates ni intellos, des raseurs finis. Ils me gâchent le plaisir de la découverte. Ils sont bien capables de vous recommander à d'autres casse-pieds. Toujours se fier à son instinct. Un coup d'œil aux journaux n'est pas indispensable. On trouve les mêmes histoires chez le coiffeur. Et vaut mieux le coiffeur : c'est toujours plus vivant et, à l'occasion, il vous rafraîchit la nuque au coupe-choux. Rester dans le vague si par hasard vous tombez sur un compatriote qui vous interroge : « Vous venez pour affaires, n'est-ce pas ? »

Attention, danger : ce sont des emmerdeurs qui vont envisager à votre contact de nouvelles perspectives, de nouvelles situations. On passe vite du statut de voyageur à celui de « rente sur pattes » par la faute de cet inconnu que le voyage place à vos côtés.

Je suis toujours resté méfiant et distant avec les faux naïfs qui se sentent perdus : ce sont les pires, car ils ne vous lâchent plus.

Nul besoin d'enfiler un poncho pour se distinguer. Tout le monde est habillé de la même façon dans le monde, à Singapour comme à Bobo-Dioulasso. C'est un grand inconvénient qui montre que le monde a profondément changé en trente ans. Mais c'est aussi un grand avantage car il permet une sorte d'invisibilité vestimentaire.

J'ai évoqué la nécessité de vivre au rythme du pays. Ne pas parler la langue plonge parfois dans des extases inattendues. Chacun a été confronté à la lecture du menu dans la langue locale. Le « dîneur » est alors plongé dans les affres du choix. Mais surtout ne jamais passer pour indécis. Choisir au doigt mouillé le plat du jour. Le cuistot pensera que ce local n'est pas très causant, c'est tout. Ne pas demander de quoi est fait ce ragoût fumant qui flotte dans l'azote liquide. Le voyageur doit feindre la plus parfaite décontraction : « Bah ! je verrai bien, c'est même assez marrant, ce qui m'arrive. » Puis, franchement, j'en ai tellement plein le dos de voir « cassolette de-je-ne-sais-quoi dans sa robe de laitue ». Je vois bien si ça a l'air d'être du poisson ou du bœuf, un peu comme dans les mastroquets de Brest ou de Valparaíso. Je ne me suis jamais préoccupé de savoir ce que j'avais dans mon assiette. Je ne suis pas un type difficile. Disons, culinairement parlant.

Si je suis venu de si loin, c'est pour goûter la surprise que le pays m'a préparée. Évidemment, comme tout un chacun, il m'est arrivé de temps en temps d'avaler un truc extrêmement mauvais. Je me dis toujours que ce n'est pas de la faute de la cuisine, mais de la mienne, si j'ai commandé des insectes grillés dans un cornet à frites. La cuisine est un moyen peu coûteux de remonter le cours de l'histoire d'un pays.

Voyager, c'est rechercher toujours les lumières, les instants de grâce promis. De ce point de vue, les femmes possèdent souvent les clés du voyage. Ce sont les plus grands peintres de mes lieux visités. Par-dessus le marché, j'ai toujours pensé qu'elles étaient de bien meilleurs géographes que les hommes. Entendons-nous bien : je ne parle pas de la désaltération du voyageur, un sujet qui pourrait s'avérer scabreux, mais de la façon dont elles savent imprimer, dans la tête du voyageur, et avec une solide simplicité, les premières lettres de l'alphabet du dépaysement.

Les femmes que j'ai rencontrées ne se sont jamais dérobées et n'ont jamais été approximatives. Elles ont le don de l'observation morale et évitent au voyageur d'être la première victime de son rêve. Elles ont la clairvoyance triste et aiguë et, quand elles racontent, elles évitent de faire basculer, comme les hommes le font, le récit vers le roman. En un mot : elles suggèrent l'intensité de la vie concrète. Elles ont le pouvoir de rentrer dans les cœurs, les idées et les croyances.

La curiosité pour l'autre est une manière polie de dire l'amitié. Ensuite, il faut résister à l'exercice de prestidigitation. Le fameux « faire croire ». J'ai beau être depuis quarante ans un nomade en ciré et bottes en caoutchouc, je serai toujours un type de passage. Même dans mon propre pays. C'est une sensation que je ressens quand je m'assois à la terrasse d'un bistro à Paris. Même sensation d'ailleurs à Rio, Salvador de Bahia ou à Papeete. Mais je m'arrange pour être le moins visible. Dès lors, le rapprochement se fait naturellement. Sans esbroufe. Au nord du Brésil, un petit chantier naval sur la plage ; un type rabote une coque. Je m'assois, je regarde. Le charpentier, à mon œil, sait que j'apprécie ce geste. Aucune démonstration de ma part. Une heure passe. Les copeaux tombent sur le sable. Le type s'éponge le visage et vient me parler. Il aura fallu cinq minutes de conversation pour saisir comment ces charpentiers de marine travaillent. Le type savait que j'étais un « des leurs », que j'avais navigué, que je connaissais ce métier. Grand plaisir de ma part d'être reconnu comme faisant partie d'un monde semblable au leur, et allégresse de son côté de voir que son travail avait, à mes yeux, une valeur considérable. Rien à voir avec la fumisterie de la grande fraternité internationale des marins... à laquelle je ne crois pas. Ce charpentier a su immédiatement que le type avec la clope au bec était de son monde. Je crois que c'est la même chose si un paysan breton rencontre un paysan arménien. Il suffit de dix minutes pour que cette rencontre, qui les marquera encore plusieurs années, devienne inoubliable.

Le regard que l'autre porte sur la connaissance attise la curiosité du visité... Dans la façon de l'un d'apprécier le pis d'une vache ou, de l'autre, cette façon de biner la terre au pied des semailles.

Ces gestes-là ne peuvent pas tromper.

De toute façon, il n'y a que le monde maritime qui m'intéresse, les autres mondes m'ennuient un peu. J'en suis arrivé à me demander comment j'ai vécu à Paris. C'est une grande souffrance pour moi de ne pas voir la mer car je me sens privé de la mystique de l'océan. Ce sont des journées d'inactivité pour moi. C'est cela que j'appelle perdre mon identité.

C'est pour cela que New York ou San Francisco restent des villes plus « acceptables » car j'y ressens une force physique, celle du flux et du reflux de l'océan.

Je n'ai jamais voyagé pour être un témoin. Quelles qualités ai-je à faire valoir pour être un témoin ? Aucune. Trente ans à Bora Bora ne suffiraient pas pour passer pour un témoin sérieux, capable de venir à bout des mécaniques morales polynésiennes.

J'ai rencontré depuis quarante ans énormément de témoins abusifs. Des témoins sensibles, nerveux, parfaitement contrôlés, gonflés d'orgueil et de fantaisie. Des témoins de plateaux télé, à l'impersonnalité scientifique, tout prêts à conduire la réflexion du lecteur vers la connaissance. Et que dire du nombre incalculable d'Horace en sandalettes et de Virgile en « pantacourts » ! Rien que des témoins bien notés par la hiérarchie du témoignage, remarquablement évalués, capables de saisir les états moraux collectifs ou individuels des sociétés primitives, mais surtout capables de noyer toutes les idées dans un verre d'eau. Non merci ! Il y a de quoi nourrir un pamphlet sur ces témoins abusifs. Aujourd'hui, chacun se transforme en témoin, ouvre un blog, fait le journaliste, joue au Tintin, se prend pour Albert Londres, déjoue des complots, ou complote à son tour sur la toile. Je ne suis pas reporter : je suis navigateur, pas un auxiliaire de l'information.

Nous vivons dans un monde de bignoles et de concierges, de rumeurs et de commérages. La Samaritaine du témoignage, c'est la télé et Internet. Leurs réserves sont immenses. Un entrepôt d'où sortent sur des roulettes des témoins dignes de foi. Des témoignages en osier tressé ? Justement, j'en ai rentré hier. En fer forgé ? Il m'en reste deux palettes.

Je navigue pour mon plaisir. Cela suffit. C'est sûr que, après un mois dans un endroit, chacun peut se prévaloir du titre de témoin ! Mais de quoi ? C'est d'une impudence et d'une grossièreté sans nom.

J'ai choisi ce métier pour aller chercher des notes de musique en mer, pour aller danser un soir d'escale à

Fortaleza. Je fais confiance au voyage pour qu'il me conduise dans le tourbillon émotionnel du monde. Je ne serai jamais ce conférencier en bottines lustrées et manchettes en nacre.

Le voyage sur la mer

C'est toujours comme ça que j'ai vécu le voyage. Cette infinité de bleus, de lumières, et ces arrivées de nuit ouvrent mon cœur en deux. Je voyage pour la nuit, qui est forte, lourde, présente, épaisse, dense, et qui est digne de l'absolu que je recherche depuis mes vingt ans. Les paysages, les endroits, les villes traversés ne figurent pas pour autant dans mon herbier car je ne garde rien de matériel de mes passages. Mais il est aussi important de dire que je retrouve cet absolu du voyage maritime dans le rire des gens que je rencontre.

Je suis un animal humain qui refuse les larmes. Elles sont pour moi comme toutes les adresses chiffonnées que j'ai perdues. Probablement des évasions d'êtres chers que j'ai refoulées et qui m'apparaissent parfois comme une crête de vague. Mon acrobatie consiste à échapper au piège des larmes. Ne jamais se laisser toucher par l'archer du malheur exige de porter une armure. Si bien que je me dis que je dois dormir avec depuis soixante-quatre ans. Parfois, elle grince mais, pour autant, elle ne me pèse pas.

Il n'y a jamais eu un appareillage qui n'ait été un bonheur, il n'y a pas une manœuvre qui n'ait été un plaisir, il n'y a pas un changement de mer, de couleur, de direction de vent, qui n'ait été une conquête supplémentaire sur ma route de marin. Car naviguer, c'est servir la beauté du monde. C'est une vie dense que celle de marin, une vie remplie et couturée. La navigation est une science sévère qui procure des plaisirs vernis de frais. Je pense que naviguer est un exercice de foi. J'ai tiré du bien et de la vertu de ce métier parce que je l'ai pratiqué librement.

J'ai vécu dans cet idéal du navigateur-voyageur que je me suis construit. Je suis comme le chasseur mais à la seule différence que je n'accroche pas au bois de cerf mon feutre quand je rentre de mes grandes battues transatlantiques.

J'ai cherché ces trophées à coups de dents, et j'ai aimé et mérité, sans fausse modestie, ces records. Sans sacrifices consentis, le mérite des équipages eût été moins grand. Je pense ici aux hommes qui m'ont accompagné et qui ont servi la mer et les bateaux avec abnégation, intelligence, amour du métier et professionnalisme. Je pense notamment à Yves Pouillaude et Didier Ragot, fidèles et droits. De grands marins. Le reste du temps à terre, je ne sers à rien. En mer, je sers à quelque chose, j'ai une raison d'y être car le marin se nourrit des périls. Quand je reste trop longtemps à terre, j'ai l'impression d'être un socle de statue, un refuge pour les pigeons, un peu comme Sempé les dessine.

Ma pensée ne se repose qu'en mer. Je ne fuis pas mes semblables. D'abord, pour être honnête, ils ne m'intéressent qu'assez peu pour que je les boude vraiment. Je vais en mer pour puiser une réserve d'érudition. J'ai besoin de ce parfum du large qui me fortifie. Mon cœur se retire des sens giratoires. Il est comme neuf. Je vais vers cette restitution envisagée depuis quarante ans. Vers les propriétés morales laissées par Tabarly, vers les griffures de la mer.

Partir

C'est le « pour toujours » du départ qui m'a toujours bouleversé. On s'en va pour toujours : c'est une terrible affirmation, ce « pour toujours ». C'est une amputation effrayante qui demande à celui qui part un cran inouï. Le départ serait une aubaine ? Consentie, réfléchie ? Oui. Cela n'empêche pas l'aspect excessivement inquiétant, car « partir », c'est un plongeon dans le vide. Délicieux. Même pour un nomade comme moi, je me dis parfois que si je devais quitter la Bretagne pour « toujours », eh bien, je crois que j'en mourrais.

J'ai besoin de ce dénuement moral que rencontre le voyageur mais, dans le même temps, de savoir aussi que je pourrai confier ma clé de voiture à un portier d'hôtel de Phnom Penh. Ou encore de savoir que, après trois nuits à la belle étoile, je ne bouderai pas le plaisir de pousser la porte d'une pension balzacienne de Carthagène en Colombie.

Je n'ai jamais été fêté par quiconque à mes retours de voyage. C'est bon pour les hellénistes, cette histoire ! Je ne suis pas Ulysse ! Le seul être qui me fête, c'est mon chien : un labrador à tête de grizzly qui griffe mon plancher de joie en y laissant des sillons de laboureur. Tu parles d'une fête ! De toute façon, dès que je suis loin de la mer, la vie ne m'intéresse plus, j'ai l'impression que je suis stupide, comme un type qui fait la queue à la caisse d'un supermarché avec un cabas vide.

La fin du voyage

La fin du voyage en mer, c'est la fin de la fête. C'est la fin de l'aventure, la fin d'un tour du monde. C'est terrible de quitter un tour du monde. Ce n'est pas parce que je vais retrouver « des gens que j'aime » – car tout ceci n'est que des contes pour les journaux – que je n'abandonne pas avec amertume une conquête tant désirée.

C'est terrible, de quitter ce rythme de la mer, ce monde de force brute tant aimé et redouté mais qu'on ne se résout pas à abandonner. C'est une sorte de dissolution de la beauté. Tout à coup, on souffle la grande flamme qui brûlait en nous depuis deux mois et demi de mer. Puis on éteint la petite veilleuse de la douceur en sortant du bateau. On ferme derrière soi la porte du souvenir dans le sinistre grincement des huisseries. C'est pour toutes ces raisons que je n'ai pas de souvenirs, mais juste des impressions.

Les bibelots

Je n'ai jamais voyagé pour faire partie des contributeurs du musée du quai Branly. C'est une construction remarquable mais je persiste à dire qu'il s'agit d'une captation. Les objets sont faits pour rester là où ils sont nés. Puis je n'aime pas rapporter. De quoi ça a l'air, une statue khmère dans un appartement du quai Voltaire ? D'un vol. C'est absolument indécent. Aucun fétichisme du bibelot de ma part. J'ai pour ces collectionneurs une indignation froide. Emporter, c'est déplacer un souvenir, une impression. Les clochers d'églises bretonnes sont beaux parce qu'il y a ce ciel déchiré derrière. Les églises baroques de la Contre-Réforme sont merveilleuses à Salvador de Bahia. Pourquoi pas le Corcovado à l'entrée de Brest ? Jamais rapporté le moindre objet depuis quarante ans. Je ne possède même pas une photo des gens que j'aime. Mon portefeuille est vide de souvenirs. On n'est plus au temps de Louis XV. À l'époque, c'était chose normale de rapporter. La Condamine ramenait le quinquina. Il y avait là une mission d'érudition que l'on peut comprendre. Pourquoi pas ramener des angelots en faïence et des jonques en porcelaine ? Hélas, le marché des angelots ne faiblit pas et celui des jonques en porcelaine est en plein essor.

Mes besoins ?

Je n'ai aucun besoin. J'arrive, je passe une journée à terre, je repars le lendemain. Je suis « indésirable » à terre. Mais j'ai des plaisirs, ça oui. J'ai du plaisir à passer des journées en Bretagne. On me dit : demain faut qu'on appareille à l'aube. Pas de plus grand plaisir à me faire. Tout ceci n'a rien à voir avec l'errance. Depuis tout petit, je suis fasciné par l'idée de courir le monde pour ne pas avoir à passer ma vie là où j'aurais dû être biologiquement retenu : à terre. J'ai pu parcourir sept cents kilomètres en moto pour me précipiter en Auvergne voir les volcans, comme dans la pub de l'eau minérale. C'était comme je les avais imaginés. J'étais heureux, bêtement heureux. Je sais que cela peut paraître curieux de se précipiter à Saint-Flour en bonnet de fourrure pour manger de l'aligot. Mais c'est toujours faire provision de lumières. Même dans le Cantal. À tout bien réfléchir, je crois que je refuse de retourner dans les photos que je n'ai pas faites et que je ne ferai jamais. C'est cela qui me pousse sans cesse à partir. Ce dérèglement pour certains est une hygiène pour moi.

Les bagages

Je ne suis pas à la tête d'une caravane. Un paquet de cigarettes, mon passeport et une carte de crédit : un bagage qui tient dans la poche d'une chemise et qui ne m'empêche pas de vivre mes passions. Je me mets en position d'enthousiasme ascétique vis-à-vis de celui qui va me recevoir. Je suis le voyageur léger, le marin plume d'oie.

Ni flatteries ni mensonges quand on voyage. C'est comme ça que j'ai gardé depuis quarante ans au plus profond de moi le plaisir de la rencontre, cette grâce qui jamais ne s'est flétrie. Seule la lenteur, qui n'est au fond que l'idée pure et un peu paresseuse du voyage, permet d'envelopper toute la sensibilité de l'homme, de restituer son intelligence et de lui donner cœur, couleurs et émotions. Pour être net : j'ai horreur des bagages. Il m'est arrivé très souvent de voler vers Papeete. Jamais le moindre bagage ni le moindre sac. Pour emmener quoi ? J'ai des chemises là-bas ; j'ai des chemises ici. Me changer en arrivant ? Qu'est-ce que c'est que ces âneries ? La brosse à dents ? Les stewards me la donneront de bonne grâce. Pour moi, l'idéal, c'est le tapis volant.

À tout prendre, le monde en tapis volant, avec tout ce que ça représente de songe moyen-oriental, peut passer pour un rêve de salonnard sous opium. Mais je mettrais toute mon argenterie au clou pour atteindre ce point culminant de la rêverie. Survoler l'Asie sur quatre mètres carrés tissés par les plus grands artisans de la Perse ! Le tapis volant a toujours été ma récréation favorite depuis mes six ans.

Évidemment, je me refuse à pousser un chariot, que ce soit à l'aéroport de Panamá City ou au centre Leclerc du Relecq Kerhuon, à Brest. Quand je voyage et que les gens veulent me faire des cadeaux, je leur dis : « Laissez-le donc ici, je repasserai bien un jour. » Si bien que j'ai toujours un cadeau qui attend l'enlèvement ; certainement un encombrement pour les gens que j'aime mais je ne tiens pas à bourrer mon parking à souvenirs.

Je n'ai pas de lien avec l'objet et j'en arrive à me demander parfois si j'ai des liens avec les lieux. Ce qui est indiscutable, ce sont les liens que j'ai avec les gens que j'aime ou que j'ai aimés. Ce qui me touche en Polynésie, c'est que la magie, cette magie de maintenant, ce n'est pas la magie d'un temps enfui. C'est encore de la magie pour moi. C'est cette population qui est facile où un homme indépendant est à son aise. J'aime bien être transparent, comme je l'écris plus haut. Ça a toujours été mon rêve le plus cher avec le tapis volant de ma petite enfance. Être transparent ne doit pas être compris comme un fantasme de voyeur. Être transparent, c'est arracher quelques moments de grâce fugaces de la vie, c'est capter le demi-sourire des amis sans jamais provoquer la gêne que susciterait la présence d'un tiers. Où a-t-on vu qu'on était transparent quand on voyage avec une malle Vuitton, un ordinateur et un iPod sur les oreilles ?

Les déplacés

Ce n'est pas en me baladant comme un nigaud au marché bruyant, multicolore, que je vais aller vers la connaissance comme un Nobel vers son prix.

Ceux qui sont « en déplacement » ne sont pas en voyage : ils partent le 18 et rentrent le 29. Ils ne sont là que pour « faire la Guadeloupe », « faire les Maldives », « faire les fjords norvégiens ».

C'est en donnant sa voiture à réparer que l'on fait un pas de géant dans la connaissance d'un pays. En somme, la fréquentation assidue de son garagiste permet de capter d'un seul coup toute la fresque de la société : vices, dissensions politiques, intrigues, revers de fortune, suicides, scandales, crimes et évidemment mérites comparés des lubrifiants et des différents étriers de freins.

Voyager, c'est accepter de passer du temps et c'est aussi se refuser à vouloir tout embrasser.

« Lundi : planche à voile ; mardi : visite des fonds ; mercredi : visite de la distillerie. » Mon programme pour lundi ? On fout rien. Mardi ? On glandouille. Mercredi ? On contemple le lever du soleil. Mais alors jeudi, on va à la pêche. C'est ça que j'aime.

On « fait » parce que ce monde vorace exige de tout consommer jusqu'à la dernière miette, de se goinfrer de souvenirs. Ces gens qui raisonnent ainsi ne sont qu'en déplacement : ils ne sont pas en voyage.

Moi, je sais quand je pars mais rarement quand je vais rentrer. Disons aux environs du…

C'est quand même toujours à trois semaines près. C'est toujours en fonction de ce qui me plaît, de ce que j'ai à faire. Ou à ne pas faire. Des amitiés nouées la veille et qui vont me retenir.

Je suis comme ces enfants rêveurs qui ont horreur qu'on les précipite. Ils veulent rêver. Le touriste contemple hâtivement. Quand il contemple… Ensuite, il se plaint assez souvent de tout. Le rêveur ne se plaint jamais. Il prend les bonheurs aux sources de la vie. Loupe son train. Son avion. Il mange léger, ne se vautre pas, et pense à juste titre que les buffets des clubs de vacances sont des auges. Le voyageur est membre de la corporation des balluchons. Je suis de cette corporation. C'est ma seule affiliation.

L'enfance du voyage (Tintin)

Ma famille avait voyagé aux Antilles. Elle y avait navigué. Mes sœurs aînées chantaient *Adieu foulard, adieu madras* quand j'avais six ans. « Dis, c'est quoi, Madras ? » Mes souvenirs étaient ceux-là. J'ai toujours pensé que j'irais dans ces mondes-là. Il y avait quelque chose d'inscrit. J'ai toujours pensé que j'irais courir le monde. De là à écrire que je dois ce déterminisme nomade au chœur antique de mes aînées, il y a un pas que je me garderais de franchir. Mais il y avait une certitude acquise dès l'âge de sept ans. Tout au sortir de la petite enfance. La lecture des *Tintin* que je peux toujours réciter par cœur, la chanson des piroguiers, parce que c'était pour moi le voyage. Il n'y avait pas la télé, pas le cinéma à la campagne, juste le fait d'habiter dans une péninsule loin de tout. Seule manière de voir l'extérieur : *Tintin*. *Le Trésor de Rackham le Rouge*, publié l'année de ma naissance par exemple, a agi sur moi de façon déterminante pour faire ensuite ce métier de navigateur. Une lecture enthousiasmante et si marquante que, même pendant les vingt-cinq premières années de voyage, j'ai trouvé que je n'avais pas été abusé parce que le monde et les gens ressemblaient à ce qu'Hergé avait dessiné.

Quel voyageur ?

Je suis un voyageur respectueux et distant. C'est un avantage de savoir comment on est fabriqué. Dès que je m'éloigne du littoral de plus de deux kilomètres, j'arrête de regarder autour de moi. Je connais le monde des bords de mer. J'ai une immense mémoire des bords de mer, de tous les bords de mer. Je peux dessiner tous les ports dans lesquels je suis rentré et je peux les dessiner à main levée. J'ai tout gardé en tête : les passes, les entrées, les longueurs de quai. Il n'y a pas un port dans lequel je ne sois rentré et que je n'aie visité avec enthousiasme et curiosité. De ce point de vue, je n'ai pas vieilli car j'ai toujours en moi ce goût marqué pour la découverte des ports, le même qu'il y a quarante ans. Quel bateau de course mouillait ce jour-là à Valparaíso ? Quelles formes avait ce chalutier espagnol à La Corogne ? Quel nom portait ce cargo jamaïcain dans le port de Sainte-Lucie ? Chaque port est toujours resté un amas de trésors potentiels. Formes des filets, formes des étraves, longueurs des bateaux, les peintures utilisées, etc. Il n'y a pas un port que je n'aie fouillé.

L'aventure maritime

Je suis d'une génération qui a pu se dire : j'ai vingt ans et je vais faire ce qui m'intéresse dans la vie. On ne m'a jamais volé le temps de ma vie. Quand j'ai fait mon service militaire, c'était avec enthousiasme. Je voulais servir la France. J'avais préparé le régiment de parachutistes. Entre-temps, j'ai rencontré Éric Tabarly. « Je ne pourrai te prendre que si tu intègres la marine », me dit-il. Le « dir' cab' » du ministère des Armées de Pierre Messmer avait été dans le même collège de Jésuites que moi… C'était la première fois que mon collège de Jésuites me servait à quelque chose.

J'ai vécu de dix-neuf à trente-cinq ans sans jamais chercher à gagner ma vie. Quelques piges pour les journaux nautiques… Piges payées au lance-pierre. Je vivais chichement. Je voyageais partout dans des endroits inouïs à bord d'un beau bateau… On vivait pauvres mais quelle vie ! Je me souviens de régates de gommiers avec des types d'une habileté folle ; j'ai toujours été saisi par la force et l'habileté de ces marins par exemple sur le tour de Martinique. C'est un monde très sportif. Ce monde-là m'a toujours plu dans ce côté à la fois émouvant et brutal.

Ensuite, après toutes ces premières années de mer, les escales m'ont beaucoup moins intéressé. Après le premier tour du monde en 1973, je n'avais plus qu'une seule envie : retourner sur l'immensité de la mer. En somme, enfant, je voulais aller dans les pays lointains ; adulte, je ne désirais plus que les mers lointaines.

Ce sont ces mers-là que je suis allé chercher pendant trente ans. La terre, on s'en détache de plus en plus. On en garde de bons souvenirs.

J'ai malgré tout une certaine nostalgie de ces années, et je ne m'excuse pas de cela ; je pense que c'est normal. Il s'agissait d'années violentes, parfaites pour le jeune adulte que j'étais et qui pouvait les supporter. Et je les ai aimées. Ensuite, il a fallu toujours en faire plus pour retrouver ces violences. Et ça ne m'intéressait plus, ou moins. Une vie sans se mettre en danger m'apparaissait sans intérêt. Sur certains parcours, un tour du monde en monocoque, on pouvait se mettre en danger. Y laisser sa peau. Disons que ce risque aujourd'hui est nettement plus faible. Les bateaux ont fait des progrès inouïs, surtout les bateaux de plaisance. Le mauvais temps, quand on naviguait sur les *Pen Duick*, commençait à quarante nœuds. Le mauvais temps, c'est sur la durée qu'il est usant et qu'il creuse les hommes, les lessive.

Le centre du monde

Il s'est déplacé en vingt ans vers l'est. Je n'apprends rien à personne là-dessus. J'avais vingt ans et je voyageais à bord de compagnies aériennes qui aujourd'hui n'existent plus. On mettait trois jours pour rejoindre l'Australie. Je me souviens des escales sans fin avec nos petites valises en Skaï bleu marine d'équipiers. Peu de gens dans les aéroports. C'était des voyageurs avec moustaches qui vivaient dans des villas avec pergola. C'était un condensé des héros presque des années trente, ce petit monde d'artistes bohèmes, de lettrés, de cantatrices et d'aristocrates qui avaient dû rouler sous le gouvernement de Paul Reynaud en Bugatti. Presque tout un monde d'avant guerre qui attendait d'embarquer sur les vols UTA au Bourget.

Tout cela fait contempteur d'un monde disparu, mais je constate que, dans la brièveté du séjour, la rapidité du transport est finalement un mirage total. Je ressens tout cela comme une négligence pour l'autre, l'homme d'en face, à huit mille kilomètres. La preuve : il ne jette même plus un coup d'œil à ces silhouettes occidentales. Le touriste a un prix, comme celui d'une étiquette au dos d'un veston.

On m'opposera démocratisation, abaissement du coût du transport et prodigieuse activité de ce nouveau commerce. Mépris complet de ma part. Mais alors aucune sympathie admirative pour ce progrès-là !

Un saccage complet de notre monde et une volonté de destruction des dernières beautés. Je vois une hérésie là où d'autres voient un progrès. J'ai connu ce monde d'avant les gros porteurs où le touriste était un messager. Il était le colporteur de nouvelles. Où tout était lumineux, touchant et simple, où le cœur débordait. On connaît le contrepoids de la démocratisation des voyages : la « déresponsabilisation » du touriste qui se conduit comme un cosaque.

On dira que c'est le privilège du droit de « l'individu-touriste » sur l'ensemble de la société qui l'accueille. On voit cela tous les jours aux Antilles, aux Baléares, à Maurice, à Bali. Il y a sûrement là-dedans une part de mes illusions perdues. Mais il y a parfois des miracles. Comme ces petits agriculteurs bretons du Léon qui n'avaient jamais quitté leur canton et qui tombent en extase devant ce paysage et ce peuple martiniquais. Des touristes curieux de tout, de l'autre, des habitudes, des pêcheurs. J'ai le souvenir de gens muets de bonheur, d'une mise modeste et d'une simplicité merveilleuse. J'ai vu cela et j'en ai eu le cœur serré. Ce que je déteste, c'est le côté flambard, poseur, épateur, avec ce fond de brute que l'on voit parfois.

Démocratiser le voyage ?

L'absolutisme des « tour operators ». Je ne dis pas ça par hérédité, par esprit conservateur mais plus par tempérament et par expérience. Je sais bien que l'époque du milord breveté avec casque colonial est une image du passé et que l'Andalouse avec son grand peigne d'écaille n'existe qu'en marge du défilé des pénitents de Séville et de leur capuchon en forme de stylo Bic.

Je connais tous ces prédicateurs du voyage à bas prix et les missels en papier glacé avec palmiers, bains à remous et cocktails multicolores. Ce ne sont que des brouillons de voyages qui nous sont proposés. La morale du voyageur doit être la conséquence pratique du dogme qui m'a toujours conduit. Que dit-il, ce dogme ? Être transparent, lent, errant et léger. Qu'est-ce que j'emporte, moi ? Rien.

Mon esprit ?

Je suis toujours tiède du voyage précédent. Je ne refroidis jamais. L'espoir du prochain départ ne se fane jamais. Je reconnais bien volontiers une facilité à foutre le camp qui n'a jamais été écrasée par les emmerdements et les embarras de trésorerie que j'ai parfois connus.

J'ai toujours lutté contre l'affaissement moral et détesté les raseurs. Cela fait quarante ans que cela dure. Je me demande si cette détestation pour les imbéciles, je ne la dois pas à ce prof d'éco que j'avais en droit à Paris, et à ses quatre-vingts kilos de bêtise bien posés sur des semelles de crêpe, me fixant de ses yeux de hibou derrière des lunettes d'écaille et qui pontifiait sur l'économie et la marche du monde.

Le genre de type qui aurait conduit au dépôt de bilan la plus belle entreprise patrimoniale en un semestre. Au fond, je me dis que cet imbécile complet m'a involontairement rendu service. Quarante ans plus tard, je n'ai en rien changé : je ne supporte toujours pas les types en semelles de crêpe.

Les particularismes disparus ?

Le propre des mondes, c'est de disparaître.

Il y a soixante ans, on obligeait les enfants à enfiler un uniforme. Aujourd'hui, les ados le font d'eux-mêmes. La connotation vestimentaire consistait à gommer la différence sociale. Pourtant, la liberté critique n'a jamais été aussi développée, nos envies si fortes. Un monde a disparu, celui des Européens qui, il n'y a encore pas si longtemps, voyageaient à la manière de pacifiques conquistadors. Ils étaient libres : pas plus de logique que de sentiments chez eux. Mais extrêmement curieux de tout. Ces voyageurs n'avaient pas de doctrine, juste une quête frivole d'aventures métaphysiques, comme pour ceux qui se rendaient en Inde par exemple. J'ai aimé profondément ce monde-là où je pouvais reconnaître au premier coup d'œil un Anglais à son col cassé, un Espagnol à son costume anthracite, un Américain à son veston boutonné et un Italien à sa coupe de cheveux. Un monde européen qui avait étudié les langues mortes et qui pensait encore que le voyage est une nécessité au développement de l'esprit ; un monde qui vivait presque dans la chaleur un peu dévote de ses propres particularismes. Un monde marqué aussi par une culture classique avec cette habitude agaçante de vouloir exporter son modèle hérité des Lumières. Évidemment, pas question de pleurnicher sur un monde qui n'est plus ; mais ce monde-là demeure comme collé au fond de mon imagination un peu mélancolique.

Un monde qui travaillait sans douter un seul instant du salut de ses particularismes vestimentaires et qui ne manquait jamais de faire provision de boutons de manchettes, de cols cassés, de chapeaux de paille, de bretelles et de brandy. Un monde romanesque, tenté par un universalisme un peu niais. Un monde francophone très cosmopolite qui avait déjà pris acte de la fin de l'extension du français comme langue du voyage. J'ai navigué dans ce qui était les derniers vestiges de la langue française : les Italiens parlaient un français délicieux, les Brésiliens connaissaient

Émile Littré, les Égyptiens avaient fait médecine dans le cinquième et les Libanais avaient fait leur droit à Assas et avaient été élevés par des nurses anglaises à Damas. Tout cela peut ressembler aux souvenirs un peu désabusés d'un provincial élevé chez les Jésuites et égaré entre les entrepôts des anciens comptoirs français. En trente ans, j'ai vu William Shakespeare prendre de vitesse Jean Racine et le pousser dans le grand fossé des civilisations. La vision du monde que j'ai toujours privilégiée était finalement une vision assez proche de l'Ancien Testament, où les grands prophètes étaient James Cook, La Pérouse et Bougainville – que les gens prennent aujourd'hui pour un botaniste.

Les Français, à cette époque, étaient souvent des conservateurs, très cosmopolites, et qui montraient un zèle très pastoral dans les pays les plus reculés du monde au point de faire descendance.

Il y a encore vingt-cinq ans, c'était nous qui allions aux Indes. Aujourd'hui, ce sont les Indes qui nous achètent comme si l'Europe était en rayonnage. L'Inde nous vend des microprocesseurs et son intelligence disciplinée. Si l'Inde imite si bien, c'est qu'elle a reconnu la nature bourgeoise de son modèle. Mittal ? Un incontestable côté Rockefeller chez lui. Le roi de l'acier est indien et il a avalé Dunkerque et Usinor d'un coup sec de mâchoire. Je me moque des « déclinistes » mais cette période a marqué pour nous la fin de la dignité du commerce en blouse avec stylos à la pochette, celui des fiches perforées et de l'industrie lourde. C'était la fin des commerçants qui montaient d'Angoulême pour conquérir Paris.

C'est en Inde aujourd'hui qu'il faut aller chercher le robuste orgueil commerçant et industriel. Et en Asie d'une manière générale. Mittal est un héros moderne qui vit dans un manoir londonien avec piscine d'eau de mer. Bah, je me dis qu'il nous reste Balzac, ce forçat des lettres, lui qui a si bien rendu l'imbécile départemental, un modèle que personne ne nous pillera. Au moins, l'Inde ne viendra pas nous chercher sur ce terrain-là...

Sur cette affaire, on dirait qu'il n'y a que les Européens qui ne se sont pas rendu compte du rétrécissement du monde. L'Europe n'est plus que tables renversées, bibelots épars, miroirs brisés, et au bout du compte réputation flétrie.

Un monde de grande rusticité ?

Au cours du premier tour du monde de *Pen Duick*, on n'avait rien. La BLU, la radio, ne passait presque jamais. Le bateau était bien construit et l'équipage valeureux. Le tour du monde à bord de *Kriter*, on n'avait rien non plus. On faisait ça au sextant comme on le faisait cent ans auparavant. Rien n'avait changé. En solo, il n'y avait pas de GPS. Les voiles étaient en Dacron et les mâts étaient en aluminium. On était dans des mondes d'une grande rusticité. On n'avait pas d'ordinateur. On avait un anémomètre. Pas de confort et aucune sécurité. À l'époque, il y avait presque un mort par course. Pas moyen d'appeler au secours. C'était une époque rude, une époque où le marin était habité par une unique exigence qui a structuré les marins de ma génération : l'homme devait ramener le bateau. Il y a eu une grande bascule morale dans le milieu de la voile : ce n'était plus de la faute du marin si le bateau était perdu mais c'était la faute « à-j'sais-pas-quoi ». Les bons pilotes ne quittent pas la piste. Piloter, c'est ramener le bateau. Les trois règles d'aujourd'hui : aller le plus vite possible, faire le parcours, gagner. C'est un glissement désolant et le jeu a été, dès lors, assez différent pour moi.

D'abord, cela n'a plus été une honte de faire naufrage. C'est une frontière qui a été franchie. Presque un tabou levé. Parfois, j'en arrive à penser qu'on est passé d'un monde d'aventuriers à un monde d'arrivistes, mais je vais encore faire hurler en écrivant cela. Le risque ayant considérablement diminué, sont arrivés d'autres profils d'hommes. Souvent moins romantiques. Moins enchanteurs, moins littéraires, moins contemplatifs. Plus scandaleusement réalistes, très éloignés de la destination première : la mer. Ils sont souvent totalement dépourvus d'érudition maritime. Je ne fais pas de généralités (que je trouve obscènes), mais ce sont des choses que j'ai observées. Ce qui me console, c'est que, dans ce métier, il y a encore de grands personnages pour qui prendre la mer tient de la résurrection périodique et qui se réclament de l'océan. Avant chaque départ de course, on savait que nous pouvions perdre quelqu'un. C'est toujours le cas mais ce sentiment ne nous quittait jamais. Impossible de l'ignorer car la perte d'un homme nous avait tous marqués. Tant mieux que le marin d'aujourd'hui ne soit plus marqué par cette sombre destinée ! Mais ceux qui avaient peur de mourir n'y allaient pas ; ça change profondément la nature des hommes ! Disons que c'est un peu la différence entre la corrida et les courses landaises. Tant mieux pour ces progrès techniques qui ont pu éviter tant de disparitions...

Je ne vis pas dans le souvenir pour autant. Je suis dans une espèce de « présent attentif » qui me ramène des souvenirs.

« La mer prend parfois mais jamais ne vole. » Mon état d'esprit – fin des années soixante

Je me rends compte que j'ai exporté ma chair autour du monde pour construire mes rêves en dur. Il y avait des raisons à cela. La France du milieu des années soixante était comme embaumée dans une satisfaction imbécile. On aurait dit un pays de donjons, une France toute raidie dans un manteau d'hermine. Tout le contraire de l'Angleterre à cette époque qui avait abaissé son pont-levis. Ce monde pré-soixante-huitard me paraissait un monde qui avait tellement amorti l'horreur et la fureur de la Seconde Guerre mondiale qu'il me donnait l'impression d'un chasseur assoupi par la digestion guettant le canard sauvage. Il y avait aussi ce petit monde étudiant, que j'avais si peu fréquenté mais dont je me sentais exclu car ne partageant rien de ses indignations, de ses passions que je trouvais bêtes. Je me sentais tellement éloigné de cette France de contribuables en courroux qui roulaient en Simca et de cette poignée d'étudiants bientôt en ébullition. Pourquoi l'envie de fuite est si forte quand on a vingt ans ? Pour échapper aux mouches bleues qui se posent sur le vide-ordures à pédale. La brochure du monde n'attendait que mon doigt mouillé. Pour moi, l'Ouest n'avait pas de limites, même pas celles de la mer. Que répondre quand un homme comme Tabarly vous sollicite pour courir Los Angeles-Honolulu ? Vous foncez à cloche-pied sans vous préoccuper du savon à barbe.

D'abord les Antilles, puis Panamá et San Francisco. C'était inouï et inespéré pour moi. Je me souviens d'une question posée sur les docks californiens par des portuaires avec lesquels je travaillais : « Eh, mec, as-tu des nouvelles de France ? » Qu'est-ce que j'en avais à faire, des nouvelles de France, en 1969 ? Je n'en voulais pas. Puis, ensuite, sont venus la Polynésie, l'île de Pâques, le Chili, la Nouvelle-Guinée, l'Australie. Entre les embarquements et les sollicitations des agences de photos pour illustrer des bouquins de commande, j'ai connu toutes les nuances du pigment humain et imprimé tous les bleus du monde.

Tout était surprenant de beauté brute dans ces navigations. J'ai connu l'insouciance totale en Polynésie qui croulait sous l'argent du CEP (Centre d'expérimentation du Pacifique). Une existence de galops effrénés et de fanfare. La métropole là-dedans ? Pffft, elle avait disparu de ma mémoire. Rayée. À un moment, mes parents ont cru que j'avais été emporté par les fièvres ou que j'avais été bouilli dans un sacrifice rituel en Micronésie car je ne leur ai pas donné de nouvelles pendant trois ans. Mais je n'avais rien à dire, ni à eux ni à personne. Je me repens de les avoir laissés dans l'inquiétude. C'était cruel et bête. J'ai couru huit ans avec un patron qui était un marin merveilleux. Je me souviens d'être rentré aux Tuamotu en fin d'après-midi. La cloche de l'école s'est mise à sonner et tout l'atoll s'est arrêté.

Une syncope de commotions pour l'équipage. La plus haute perfection du bonheur. Dans ces conditions, se renseigner sur la vieille Europe aurait signifié mettre notre bonheur sur un catafalque. Puis enfin pour apprendre quoi ? Que le franc avait été dévalué ? Ou que l'Italie était en grève ? J'étais sous la Croix du Sud et me remémorais du José Maria de Heredia :

Ou, penchés à l'avant des blanches caravelles,
Ils regardaient monter en un ciel ignoré
Du fond de l'Océan des étoiles nouvelles.

Le maître du Parnasse contre Georges Séguy. Le combat était inégal !

Le bateau

Un bateau ne doit jamais être laissé seul, c'est comme un enfant. J'ai souvent donné congé aux hommes pour pouvoir dormir seul dans le plus beau cadeau du monde : mon bateau. Toutes les nuits de Noël, tous les premiers de l'an, c'est moi qui choisis – avec enthousiasme – de dormir sur le bateau. C'est à chaque fois un rendez-vous presque amoureux. Dévorer un sandwich seul à bord et me sentir comme une sorte de veilleur de nuit. Toujours été de belles nuits où j'ai réfléchi à mes futurs bateaux, échafaudé des théories, approfondi des projets.

J'ai aussi pris le temps de regarder le nouvel an venir à moi. Une nuit de la Saint-Sylvestre, dans le port de Boulogne-sur-Mer, un type arrive, d'allure modeste, gêné, avec un plat chaud que venait de confectionner sa femme, et deux parts de gâteau. J'en avais la larme à l'œil. Deux paroles échangées, aucune envie de s'imposer. Simplicité et bonté des gens. Très ému à ce souvenir. Puis je suis sorti sur le ponton, j'ai relevé mon col, marché quelques pas sur le quai et j'ai regardé le bateau tirer sur ses aussières dans le silence du port. Le regarder encore et admirer les brillances dans la mâture.

Éric Tabarly

Des lèvres minces d'où ne sortaient que des phrases coupantes. Un sens romain de la concision et une œuvre qui restera.

Éric a forcé l'admiration de plusieurs générations et condensé les plus grands chapitres de la voile hauturière. J'ai eu la chance formidable de parfaire mon métier avec un homme doué, on l'a peut-être oublié, d'une grande force créatrice. Aucun artifice chez lui.

Certes, il aimait la tradition de la marine mais il lui arrivait d'en railler les rites. Personne plus que lui ne marcha plus droit. Il détestait les cuistres et les imbéciles. Il n'a jamais bougé du rang où son talent et sa témérité l'avaient placé. Je fus son second dans une époque sans précédent de l'histoire de la voile. Puis il y eut une période ingrate. Les victoires se sont éloignées. Éric, lui, ne changeait pas. Il a toujours semblé égaré dans la victoire comme dans la défaite. Dans la victoire, il était content, et quand elle sacrait l'équipage, il ne lui serait jamais venu à l'idée de la capitonner pour lui. Dans la défaite, il disait : « Ah, on a bien navigué quand même ! »

Je ne l'ai jamais vu abattu. La presse qui l'avait encensé lui demandait subitement des comptes. Les journalistes qui lui consacraient des livres avec force adjectifs et portraits en pied dignes de Philippe de Champaigne se mettaient à revoir soudainement leur jugement, à raturer rageusement ce qu'ils avaient écrit la veille. J'avais vingt-sept ans et enrageais de voir cet homme doux à la tête sculptée dans une pierre très dure, qui avait tant fait pour son sport et son pays, attaqué de la sorte. Ainsi est née chez moi une indifférence profonde pour la presse oublieuse. Pas de mépris, puisque j'ai donné par la suite photos et articles à la presse nautique, illustrations de nos traversées, mais certainement une fêlure qui vient de là et qui ne s'est jamais résorbée. Cette méfiance instinctive pour les journalistes, je l'ai gardée. Garder un sang-froid scientifique permet de ne pas plier sous les louanges et de balayer les dénigrements.

Je reste insensible à ce qui se dit ou s'écrit. Tabarly était comme cela et je garde de lui ce cloisonnement des sentiments. Je souffrais de cette injustice qui lui était faite. Je trouvais cela malhonnête et d'une bêtise crasse. Éric, lui, haussait les épaules. Il tenait sa propre frontière et personne n'y entrait sans y avoir été invité. De toutes les manières, il était apparu dans la légende depuis 1964 et l'histoire, on le sait, a négligé de se souvenir de ces attaques. Il disait, en murmurant entre ses dents : « On se donne du mal pour bien faire... » Je le voyais, impassible, inatteignable, les yeux mi-clos. Je crois qu'il se moquait complètement de ce qui s'imprimait sur son compte. Il naviguait pour la joie que cela procure. Je fais cela depuis quarante ans. Parmi ses legs, la dimension exacte de ce qu'est l'indifférence est sûrement celui qui me sert tous les jours. J'ai appris de lui, entre autres, le refus des solutions pas claires, le respect de la souveraineté en mer, l'équilibre du sage et le respect des distances à terre. C'était un homme entouré d'espaces qui portait le masque de la supériorité et qui en même temps était profondément mal à l'aise avec l'artillerie du verbe. Un homme tout d'une pièce qui un jour devant un journaliste qui l'avait injustement égratigné fit cette sortie si réjouissante aux oreilles de l'équipage : « C'est un sale con... De toutes les façons, il ne tiendrait pas dix minutes à bord ! » Qu'est-ce qu'un patron en mer ? C'est celui qui est capable de ramener son équipage, de porter toutes les responsabilités et d'accepter de ne pas recueillir les fruits du succès. Éric fut dans son métier de marin un visionnaire réaliste, le premier à construire un trimaran de course *(Pen Duick IV)*, et un immense serviteur du large qui haïssait l'impudeur des émotions. L'homme raisonnable renonce souvent face à la cause qu'il sent perdue. Lui, jamais. J'ai été son équipier puis son second pendant huit ans sur tous les océans quand les projets paraissaient insensés et les buts chimériques. Éric n'a jamais été inférieur à son destin. C'était mon maître.

Durant la nuit du 12 ou 13 juin 1998, je suis à bord d'un ferry entre l'Angleterre et la France. La nuit est noire, il ne fait pas beau, vent de sud-ouest assez fort. À l'intérieur, il y a un relent de graisse qui monte des machines, des lueurs de néons atroces dans le bateau...

Je suis un peu somnolent près d'une vitre, je tente de voir dans cette nuit noire. Il y a un marin qui vient me chercher et me dit que le commandant désire me voir. Je monte et, là, le commandant (un visage rond, très doux, un peu triste) me dit : « J'ai une mauvaise nouvelle pour vous et pour nous tous : Tabarly a disparu en mer. » Je suis séché ! Je tente, avec mon portable, de joindre Gérard Petitpas ou Jacqueline Tabarly mais ça ne marche pas. Le commandant me donne des moyens de communication. Je parviens à les joindre. Et ils confirment. Je sors de là abattu. Pour moi, Tabarly, il est aussi éternel que le courage, la force, la droiture. Il représente tellement ces valeurs que l'homme qui les incarne ne peut pas avoir disparu. Ensuite, je monte sur le pont, il pleut, il y a trente-cinq à quarante nœuds de vent, et le commandant et un matelot viennent me voir. Ils me disent : « Si vous voulez, on va prier. » Je ne suis pas très à l'aise et, dans le même temps, je suis très touché. J'arrive à peine à prononcer les mots du Notre-Père. C'est le commandant et le matelot qui récitent. On est sur l'eau, c'est la nuit, et, à mon sens, on est en train de prendre la dépression qui a mis Tabarly au tas… J'entends la voix du commandant qui prie… J'imagine Éric jeté à l'eau… Et là, il y a quelque chose de paisible qui tombe… Surtout, sentir à ce moment-là que je ne suis pas seul à avoir du chagrin. On est trois, sur le pont, dans la nuit noire, tout est noir. Tout d'un coup, j'ai un peu de paix, tout d'un coup, je ne suis pas tout seul…

La Polynésie

Nous sommes en 2005. Depuis huit mois, j'ai préparé l'Oryx Quest, tour du monde réservé aux multicoques géants au départ de Doha (Qatar). *Geronimo* est contraint, mi-février, alors nettement en tête, d'arrêter la course : on a explosé le bras de liaison contre les débris du tsunami. On réussit à aller réparer à Perth, en Australie, en faisant le tour de l'anticyclone et en restant sur le seul flotteur, le seul bras qui n'ait pas cassé. En plus, on a la grâce ! À mille huit cents milles de Perth, on réussit à ramener le bateau au port sans jamais l'emmener sur le flotteur qui est détruit. Là, on répare, on fait des radios du bras mais on n'a pas les moyens techniques de réaliser un Doppler. Bref, on se débrouille, on repart et quand on arrive sous l'Australie (alors qu'en deux ou trois jours on a regagné trois cents milles), des craquements à l'intérieur de la structure m'obligent à décider d'abandonner la course. On rentre à Sydney. Nous jetons l'éponge.

Je suis sur le quai, mon fils est là, je sais que nous devons rentrer à Paris car sa mère va mourir. Mon monde professionnel explose, je vois aussi le monde de mon fils qui explose. C'est un bombardement. Je rentre en Europe pour suivre le cercueil de Caroline, la mère d'Arthur.

Une semaine après l'enterrement, je reviens à Sydney pour superviser la réparation du bateau, pour « terminer ce qu'on a échoué »... Grosse fatigue ! Avec

Didier Ragot, mon second, nous avons le sentiment d'être maudits. On aura compris que, pour des raisons privées, je suis encore plus abîmé… Didier, qui a pris la direction des réparations, et l'équipage me disent : « Casse-toi, va prendre l'air, casse-toi en Polynésie. » Je pars en sachant que je n'aimerais rien tant que naviguer sur *Geronimo* comme je le fais depuis cinq ans. Alors je prends l'avion… Je passe par la Nouvelle-Calédonie que je connais pour voir si ça a changé. J'ai du temps pour une fois. Le bateau ne peut pas être réparé avant deux ou trois mois. C'est temps mort, fin de match. C'est abandon pour blessure. Alors, je me balade. Je continue sur Tahiti. Là, j'ai des copains, mais je n'ai appelé personne. Je ne suis pas présentable, je ne suis pas en « état de rapport social ». J'ai envie d'être seul, qu'on me foute la paix. Je ne peux qu'être seul ! Je viens de glisser dans le décor d'un monde où j'ai des souvenirs plaisants. Mais je n'attends rien de personne. Rien de la Polynésie non plus. Et puis je regarde autour de moi. Et là, la beauté. La beauté de la mer. Un bleu ciel de sérénité. Je me dis que ce monde polynésien est d'une beauté incroyable, forte, dense. J'ai le sentiment de me réveiller. Je commence à bouger, à partir dans les îles. Je ne cherche pas des souvenirs, je cherche des émerveillements. Et je suis émerveillé. Je me retrouve dans des goélettes, je suis un passager qui ne va nulle part. Je n'ai pas de but sauf que tous les instants m'émerveillent : les odeurs de la goélette, les passagers polynésiens, dormir à même le pont. Cette vie me rentre dedans. Je suis sidéré par cette beauté. Je vais à Moorea chez un copain polynésien et je vais acheter des clopes au tabac du coin. La fille qui vend des cigarettes, que je connais depuis trente ans, me dit qu'elle a un bouquin sur lequel figure une photo de moi. Je regarde. Je suis dans la baie de Cook en 1969 avec Tabarly, Moitessier, Colas. Tabarly, Moitessier et Colas sont morts. Je réalise que le temps a passé. C'est un signal qui arrive.

Je suis le seul survivant. Je me dis que je ne vais pas mourir sans avoir vécu en Polynésie… ça devient une évidence, une décision. Je vais dès lors passer du temps sur la mer ici, beaucoup de temps. Je sais que je vais habiter ici. Je me dis que je dois prendre soin de ce monde-là, que je vais non plus l'aimer mais le chérir. La Polynésie est éblouissante. Et ce qui fait la beauté des choses, c'est notre attitude personnelle.

Un amour de jeunesse qui n'a pas pris une ride

Jamais l'empreinte laissée par cet archipel polynésien sur moi ne s'effacera. Je reste convaincu qu'on n'entend rien à la Polynésie si on feint d'ignorer les rapports quasi bibliques que la population entretient avec les éléments. Vouloir faire respecter le culte de la raison laïque au milieu du Pacifique est une idée toute métropolitaine. Il y a là-bas une foi simple que j'aime, une foi sans nuages.

Pour pénétrer en profondeur les consciences polynésiennes, il faut du temps et accepter les explications irrationnelles, accepter de se soumettre au mystique. Chez les Polynésiens, la raison est soumise à la foi. Cette soumission n'est jamais chez eux une abdication. Rien n'est douteux, rien n'est obscur et pourtant aucune vérité ne leur fait peur. C'est une logique qui peut dérouter les sceptiques.

J'ai souvent pensé que l'image ramenée de mes voyages polynésiens contenait intacte l'émotion du moment. Du moins, ça me rassurait de le penser. Je mets cela sur le compte du caractère charnel des atolls qui doit faire remonter en moi tous mes souvenirs. Une photo des Tuamotu, par exemple, me plonge toujours dans un monologue intérieur, mais encore faut-il posséder des dons de traducteur. Comme je me méfie de moi-même et des libertés prises parfois par ma propre traduction, je finis toujours par recommencer le voyage entrepris il y a près de quarante ans.

Je suis en Polynésie ce voyageur réconcilié avec lui-même, avec ses rêves, et qui reviendrait dans sa « patrie ». On m'a souvent demandé ce qu'était la Polynésie pour moi. Un amour de jeunesse qui n'a pas pris une ride.

Plusieurs Polynésie

Il existe plusieurs Polynésie. Hawaï, par exemple, est un morceau fragmenté d'Amérique en plein Pacifique, la première volée de marches de cet escalier polynésien quand on quitte San Francisco, distant de plus de quatre mille kilomètres. Qu'aperçoit-on à six milles des côtes ? Les buildings de verre d'Honolulu. Il y a trente ans, ça sentait encore « les troupes au soleil », c'était évidemment plus Pearl Harbor, mais assez quand même « nos marins sous les tropiques ». Quel bond prodigieux en trente ans ! Des hôtels immenses, copies du « strip » de Las Vegas, des lobbies recouverts d'une épaisse moquette dans laquelle des sosies de Jackie Kennedy enfonçaient leurs talons, des montagnes de fruits, des fontaines à sodas et des retraités de l'Illinois en chemises à fleurs : ça, c'est pour la carte postale.

Dans les années soixante-dix, et pour n'évoquer qu'Hawaï, il n'était pas rare de croiser des chanteurs de rue qui en soirée donnaient des shows dans des dancings. Mais rien à voir avec le surf rock, cette musique remise au goût du jour dans les films de Tarentino. C'était juste de la musique polynésienne remarquablement interprétée par des virtuoses locaux et le tout dans un univers délicieusement kitch. C'était une Amérique polynésienne heureuse, folklorique, et, au fond, pas si éloignée de notre esprit guinguette : fritures et parties de canot d'une France d'avant la ligne Maginot.

Pour filer la métaphore, si la Marne avait ses chalets d'aviron, disons que le Pacifique avait à cette époque ses locaux à surfeurs et déjà pointaient les premières boutiques pour surfeurs. Ces derniers n'avaient rien de commun avec les physiques rencontrés aujourd'hui, réclames vivantes pour des pâtes à dentifrice. Leurs planches étaient immenses, des tables à repasser de près de deux mètres. Les champions de surf locaux avaient en moyenne trente-cinq ans. C'étaient des types, souvent d'ex-champions de natation, qui avaient commencé le surf avant guerre et qui avaient ensuite évangélisé Biarritz et toute la côte basque dans les années soixante.

Aujourd'hui, à quarante ans, les types ont quitté le circuit. Qu'il est loin le temps où l'on trouvait encore à Hawaï des rues entières bordées de maisons à un ou deux étages. Une architecture charmante, presque géorgienne : une petite barrière en bois peinte en vert pomme et la Buick chromée garée avec ses pneus à flancs blancs. Quand on faisait la route retour Hawaï-Papeete, c'était encore un choc supplémentaire car on quittait une architecture de gratte-ciel pour ce qui avait tout de la province tropicale, mais province tout de même.

Car il faut savoir qu'il y avait environ plus de quatre-vingt-dix mille habitants en Polynésie française dans les années soixante-dix contre plus de deux cent soixante-dix mille aujourd'hui. Une fois le bateau amarré, et après trois nuits, l'équipage connaissait tout le monde. Au matin du quatrième jour, nous avions déjà croisé deux fois la même personne. Papeete était alors un gros village pas encore domestiqué par l'automobile, un vrai catalogue de fleurs pour nous qui venions de quitter Hawaï et ses immeubles car au loin s'éloignaient déjà les lumières de cette Amérique tropicale, amicale, luxuriante, montagneuse, et comme jardinée par la main de Dieu.

J'ai connu des hommes dans les îles françaises qui n'avaient de cesse d'enlever à chaque voyage en Polynésie une couche de leur propre histoire d'Occidental. Couche après couche, l'Européen ressemble ainsi à un oignon. Pour mieux s'identifier avec la population. Toujours dans le but, et toujours selon la théorie de l'oignon, de mieux se fondre dans la population et ainsi d'aspirer au statut de local. Mais en oubliant au passage que le meilleur moyen de comprendre cet archipel est évidemment l'apprentissage de la langue. Tout ce travail de faux-semblant, d'habillage des sentiments, de copie, de suivisme, de mode, est d'une bouffonnerie sans nom. Tout cela me fait penser à cette histoire de métropolitains venus pour un stage de plongée aux Tuamotu, qui s'en sont retournés à Hazebrouck tout pleins de souvenirs coralliens, mais tatoués comme des Marquisiens. Jean-Paul n'était plus Jean-Paul mais se faisait appeler Hiro. Et Luc se rebaptisa lui-même Vahitua. C'est renversant de penser qu'un tatouage sur le biceps aura valeur de visa. Il m'a fallu presque quarante ans pour que les Polynésiens me soufflent un jour que j'étais un des leurs. C'est avec gratitude que je reçus le compliment mais, n'étant de nulle part, cela m'a fait un tampon de plus sur mon livret de transport.

Tahiti, il y a quarante ans (1967-1969)

En métropole, les mythes ont peu à peu mangé les traditions. Il y a encore à Tahiti des femmes chinoises qui rentrent du marché coiffées de petits chapeaux pointus. Une image qui me renvoie à mon enfance quand je croisais le dimanche des femmes en coiffe sortant de l'église. Ces particularismes sont tombés un à un. Une sortie de messe dans le Léon, ça avait une de ces gueules ! Ces gens avaient de la prestance, une allure. Dans l'archipel, les gens ne sont jamais amidonnés dans leur foi que ce soit à la sortie du temple ou de l'église. Ils sont triomphants de simplicité heureuse.

Évidemment, la Polynésie, même à vingt-deux heures de vol de la métropole, n'échappe pas à l'étreinte de l'uniformisation qui a fait sauter un à un tous les verrous vestimentaires. Mais qu'on ne s'y trompe pas : je ne suis pas en train de vouloir donner une deuxième vie aux objets, aux chapeaux pointus, à la coiffe des Bigoudens, à la perruque de Voltaire, à la calèche de Balzac. Mais disons qu'il y a quarante ans, en Polynésie, quand il y avait une bringue improvisée, les jeunes gens attrapaient une guitare, montaient sur une chaise et entonnaient les mêmes refrains que leurs parents, avant eux, avaient tant aimés.

Le voyageur aujourd'hui ne sera donc pas surpris que le rap polynésien fasse une percée remarquée sur les ondes pacifiques. Mais un rap qui se scande avec l'accent de Bécon-les-Bruyères. C'est la démonstration éclatante que la Polynésie n'est pas un archipel pris sous une cloche à fromage.

Loin de moi l'idée de la culture polynésienne qui doit somnoler au quai Branly ; mais pour un type comme moi qui avais entrepris un voyage pour être projeté dans « l'entrebâillement » du paradis, eh bien, disons que mon Éden serait aujourd'hui éclairé par la lumière foudroyante de la globalisation. C'est évidemment tout le problème du souvenir que j'ai évoqué plus haut.

Les souvenirs, impressions de voyages, je les ai tellement chromés, passés à la peau de chamois, que j'en reviens forcément à mal accepter les piqûres de rouille sur la carrosserie de mes choses vues.

Penché comme un maraîcher sur la charrette de ma mémoire, il y a forcément des fruits gâtés, surtout ceux qui sont au fond. Donc, grand choc également du côté des jeunes femmes polynésiennes. Elles se coiffent selon les critères esthétiques inspirés par la « Star Ac' ».

Quand je vois derrière les vitrines des coiffeurs de Papeete leurs longues mèches tomber sous les ciseaux, c'est comme passer la tondeuse dans les alignements de Carnac. On va me rétorquer Gauguin, rêves à base de carton-pâte et Cinémascope. Je me permets, juste au passage, de douter du gain qu'il y a à retrancher cette ondulation érotique qui tombe en cascade sur les hanches. Ce n'est nullement une affaire de fétichisme capillaire mais j'appellerais plutôt cela une technique forestière de déboisement.

J'ai souvent entendu de la bouche d'ignorants, qui n'y avaient jamais mis les pieds, que la navigation en Polynésie n'exigeait pas de compétences particulières. Mais c'est tout le contraire ! Il faut savoir que les bateaux, en règle générale, évitent les Tuamotu. Trop dangereux ! La mer est dure, croisée, alors qu'aux Antilles, c'est une mer d'alizés avec des orientations nord-est, est et sud-est. Il y a des passes où il y a vingt nœuds de courant et qu'il est vain de vouloir franchir sauf à risquer d'éventrer la coque. Vu du ciel, ce courant est visible jusqu'à plus de deux milles en mer. Un courant, ce n'est jamais qu'un atoll qui se vide mais avec la pression d'une lance à incendie. Une masse d'eau aspirée par le large, comme un glouglou d'essence dans des carburateurs géants. Sur l'eau, le plancher des bateaux tremble, tellement cette succion met à mal le barratement des hélices. Dans ce siphon, tout un monde vivant : requins, poissons de toutes tailles, dorades énormes, espadons et thons. Et toujours le même schéma pour le pêcheur dans ces eaux écumantes. Le pêcheur harponne le thon. Le requin happe aussitôt le thon. Et ainsi de suite. Il faut voir ces thons de soixante kilos, à peine sortis de l'eau, tenus à bout de bras, et ces requins qui vibrent sous l'eau, tournant autour du bateau qui roule dans un ballet furieux.

Je n'oublierai jamais ce pêcheur qui se glissait dans le bouillon ensanglanté par les appâts déchiquetés, et remontait trois minutes plus tard avec un thon au bout de la pique. Son secret : « Ne pas bouger, me dit-il. Rester immobile. » Cet homme, d'une constitution éclatante, se dissolvait dans l'eau. Il était en plus d'une parfaite éducation. Le matin, sur *Ocean Alchimist*, il faisait semblant de toquer à ma porte et venait me demander ce que je désirais au déjeuner. « Riz et poisson cru, comme d'habitude ? » faisait-il. Je l'ai revu plusieurs années plus tard. Toujours calme et souriant. Un des plus grands artistes pêcheurs qu'il m'ait été donné de rencontrer. Dans sa loge, toujours les mêmes instructions : « Ne pas bouger. Rester calme. »

C'est pour toutes ces raisons que j'ai un grand sentiment d'admiration pour ces hommes et cet océan Pacifique. Ce monde polynésien m'enchante car il possède une culture maritime aussi dense que celle des îles du Ponant. Ces pêcheurs, qu'ils soient polynésiens ou bretons, sont à eux seuls des sommes encyclopédiques maritimes. On retrouve les mêmes savoirs chez les anciens de Sein, Molène ou Ouessant. Mais ce savoir va immanquablement tomber dans l'oubli. C'est un savoir africain qui se transmet oralement. Quels poissons ? Quand les pêcher ? Où ? À quelle heure ? Quels jours ? Ces hommes possédaient un calendrier lunaire de la pêche qui existe depuis plus de deux cents ans. La transmission patrimoniale de ce savoir existe toujours. Mais pour combien de temps encore ?

Molène ? Moorea ? Les hommes vont toujours à la pêche et à la messe le dimanche. Ou au culte en Polynésie. Pourpre cardinalice du rite latin ou sécheresse calviniste ? Les deux branches du christianisme ne font plus qu'une sur la mer car le métier est austère, parfois meurtrier, et sur cette mer on se soumet vigoureusement à son autorité. La mer, le large, c'est la discipline, aucune défaillance au devoir, à la morale et à l'orthodoxie. On peut en sourire. Mais c'est ce qui permet parfois à l'homme de rentrer sauf. Et de méditer au retour sur l'Évangile, ses élévations et ses mystères, comme disait Bossuet. C'est une explication que j'aime bien.

Ce monde polynésien, sans agitation vaine, est un monde qui me ressemble. Je vais à nouveau nourrir ma réputation avec cette anecdote sur les femmes polynésiennes. J'enfonce une porte ouverte en les peignant belles et gracieuses. Mais aussi complètement toquées de pêche. Expérience faite par moi sur un ponton en bois de Moorea, il y a une bonne quinzaine d'années : une femme s'avance, sourit et s'assoit à mes côtés. Déroule son fil et met sa ligne à l'eau. Concentrée, ne levant pas un cil quand je me lève. Je reviens le lendemain pour poser une nouvelle ligne. Je reconnais de dos cette silhouette quittée la veille. Cette femme n'avait pas bougé. Tout cela pour illustrer cette passion de la pêche qui touche toutes les communautés. Il y a deux ans, même ponton en bois. Je m'assois. Une dame chinoise, d'un certain âge, met une ligne à l'eau. Je m'enquiers de son nom et de son adresse. Il se trouve que je connais sa fille. Nous échangeons quelques mots. Je la quitte assez rapidement et demande, quand je croise sa fille sur le marché, si la pêche de sa mère a été bonne. Elle me répond, un peu surprise, qu'elle en saura plus dans deux jours quand sa mère rentrera.

Comment cela, dans deux jours ? Elle m'apprend que quand les femmes pêchent, cela peut durer deux bons jours. Je ne relève pas sur le coup mais, un peu chiffonné par la réflexion, je repasse quand même à l'aube pour voir si la fille ne m'avait pas baladé. Elle disait vrai : cette dame n'avait pas bougé de la nuit. Je suis parti en souriant et, pour tout dire, assez admiratif. Moralité : le fil de pêche dans le trousseau de mariage polynésien est une nécessité et, comme le disait la fille de cette dame chinoise dans un grand éclat de rire : « Si tu veux la paix dans ton ménage : laisse ta femme aller à la pêche. » Qu'est-ce que dit cette phrase ? Que toute la culture du bien-être est dans l'espoir de l'autre qui vient de loin et dans l'attente du poisson au bout d'un quai en bois.

C'est définitivement un pays sans vanité qui a une conscience profonde du « c'est pas grave », « ça n'a pas d'importance ».

D'où, peut-être, cette indifférence douce aux mouvements du monde qui me bouleverse.

Il y a chez eux la décision commune, raisonnable et culturelle que cela n'a pas d'importance car ils sont loin de toutes les alarmes du globe. Alors que, dans nos mondes, tout a de l'importance, même la rumeur du tramway. Une intoxication à Strasbourg causée par un thon de Boulogne-sur-Mer mal décongelé va faire l'ouverture du journal télé en Bretagne.

C'est cette inclination à occulter les phares de l'information qui, chez eux, me séduit, nous qui sommes dans une logique de dominos : Boulogne fait tomber Strasbourg qui fait chuter Rennes. D'où une formidable relativité polynésienne que j'ai faite mienne. J'aime leur regard mi-clos sur nos troubles, nos préoccupations sans importance. Ce n'est pas un manque de curiosité car je les crois bien plus ouverts que nous sur d'autres émotions. J'ai l'impression que c'est justement cette capacité d'indifférence aux gloussements du monde qui est pour moi une vraie supériorité intellectuelle.

Il y a chez les Polynésiens une puissance extraordinaire d'expression. Le rire étant la représentation de cette solide humanité. J'ai le souvenir de deux types, dans une rue de Papeete, qui se maintenaient contre le mur d'une boutique de pneus. Deux types gondolés. Chacun de nous a des souvenirs qui doivent ressembler à cette image. Scènes identiques à Dakar ou à Abidjan de types hurlant de rire. Absolument rien de primaire là-dedans car le rire, c'est d'évidence le grand exercice de l'intelligence en action. En métropole, les gens ont presque honte de rire et sanctifient tout ce qui les tourmente. On cancane, on ricane, mais on ne rit pas.

Est-ce pour cela que les films de Bergman nous ont tant marqués, nous Européens ?

Je crois que nos âmes européennes sont trop verrouillées d'importance pour rire. Je ne veux pas romancer cette Polynésie, même si mes souvenirs concourent à l'illusion. Je ne dis pas cela par adresse, habileté ou calcul. Mon propos n'est pas de donner une vision lyrique comme Mérimée l'a donnée de la Corse. Mais je dois reconnaître que, depuis une petite vingtaine d'années, la tradition de l'accueil s'est émoussée à force de servir. Il y avait chez les voyageurs ce sentiment de toucher une perfection absolue quand ils débarquaient à Tahiti. Aujourd'hui, les voitures avancent à touche-touche matin et soir dans Papeete, même incompréhension intergénérationnelle, même malaise… que l'on ressent chez les ados au Creusot ou à Alès.

Je me souviens des arrivées de Tabarly. Il y avait une grande bienveillance de la population qui autorisait des contacts d'une grande douceur après des semaines de mer souvent difficiles. Je ne reviens pas sur les colliers de fleurs, cette accolade fleurie à laquelle les Polynésiens ne renonceront jamais. Les hommes du bord purgeaient leurs toxines dans cet accueil. Nous étions alors comme neufs, comme si les coups donnés par la mer ne nous avaient pas marqués. Les hommes aimaient cette Polynésie car elle était pour eux l'esquisse de la félicité dont ils avaient rêvé. Sac à terre, le bonheur était alors exact au rendez-vous.

Comme Éric était reconnu, nous étions à notre tour admis dans ce premier cercle d'amis, de connaissances. C'était un monde bienveillant, où chacun était appelé à donner le meilleur de lui-même. En face de nous, sur le quai, il y a le meilleur de l'homme. Chacun d'entre nous ne voulant pas être en reste donnait ce qu'il avait de plus précieux : son cœur.

C'était encore un monde de l'écrit et de linotypistes. On avait droit à la première page dans le journal sur quatre colonnes. Sept arrivées, soit sept unes en tout dans *Les Nouvelles de Tahiti*. La première question qu'on me posait, après celles du journaliste, c'était : « Combien de temps tu vas rester, dis ? »

Aujourd'hui, le phénomène s'est inversé car les îliens en ont eu marre de se sentir abusés en amitié, comme en amour, avec ces gens de passage qui créent des liens et qui les rompent aussitôt. Les îliens se sont donc refermés sur eux-mêmes. Ils ne supportent plus ces blessures. D'ailleurs, on ne s'enquiert plus de celui qui débarque, on ne demande plus rien au voyageur, ni son nom ni quelle sera la prochaine mode à Paris. Avant, c'était des amitiés qui se nouaient et des amours qui se construisaient. Au début, une lettre par semaine. Puis une par mois. Une lettre par an. Puis, un jour, plus de lettres du tout. Le mécanisme de la séduction n'a plus pris. Les locaux s'étaient réellement abandonnés à ce jeu de l'amour. Et un jour, l'autre est parti emportant avec lui sentiments et déclarations.

Cette tricherie du cœur, les Polynésiens sont trop pudiques pour l'évoquer. Pour sauvegarder leur monde, les îliens ont fini par dresser une barrière sentimentale.

J'ai eu la chance de connaître cette époque gracieuse où l'on disait encore : « Toi qui passes, viens partager mon repas. » Puis, un jour, il y a eu trop de monde à passer. L'étranger amenait des nouvelles fraîches, c'était une fenêtre qui s'ouvrait. Le satellite a écrasé ce vieux monde. Dans l'archipel des Tuamotu, il n'y a plus personne dehors à dix-huit heures. Où sont les gens ? Devant leur télé !

J'ai connu le cinéma en plein air aux Tuamotu il y a une trentaine d'années. Un drap tendu entre deux cocotiers. On donnait un film policier, de mémoire. Le projectionniste réclame le silence. Au bout de dix minutes, exclamation du public : « Attention ! » Le personnage principal du film, pris dans une bagarre, s'apprêtait à recevoir un coup par-derrière et le public voulait l'en avertir.

Devant le gros succès de la séance, il est donc convenu que le projectionniste restera un soir de plus afin de donner une séance supplémentaire. Je distingue dans l'assistance quelques visages vus la veille. Un des types, que je reconnais, se tourne vers moi alors que le film arrive à cette fameuse séquence du guet-apens où le héros se fait prendre en traître : « Eh, Olivier, tu te rends compte, ce type est vraiment un imbécile : il sait que le méchant est derrière la porte et il recommence comme hier ! » Le cinéma était encore vu derrière les persiennes de la naïveté. Cette histoire à elle seule explore tout le cœur polynésien de cette époque des années soixante-dix.

Il existe un immense patrimoine maritime polynésien, quelque chose de très développé. Les marins français adorent se moquer des Polynésiens au prétexte qu'ils se drosseraient sur les récifs avec une consternante régularité.

Mais les récifs polynésiens, c'est comme les murailles de Carcassonne avec juste des passes à peine plus larges qu'une porte de salle de bains ! En Bretagne, tu es en panne au vent du récif, tu peux encore mouiller ! Mais, là-bas, impossible : il y a mille mètres de fond. Il n'y a aucune ancre qui va tenir avec ce fond. Ce sont des navigations difficiles et Cook l'avait appelé « l'archipel dangereux ».

Il y a dans le Pacifique un génie de la survie. Les gens de mer sont habiles, incroyablement adroits. Ensuite, les distances entre les îles sont gigantesques. Des Gambier à Papeete, par exemple, il y a plus de mille milles. J'ai vu des franchissements de récifs sur des baleinières chargées de matériel de travaux publics, surfant la vague. Mais cette Polynésie-là ne se feuillette pas dans les catalogues pour touristes. La Polynésie me donne à chaque fois une leçon d'endurance sportive et d'indépendance d'esprit. Car ces îles sont pour moi sources d'approvisionnement. Ce sont mes pompes à images et ma voluptueuse désaltération qui me permettent de tenir dans ce monde où tous mes panoramas se sont lézardés.

Mes rencontres polynésiennes

On quittait l'Europe comme on quitte une table de casino, les poches pleines de rêves et pour faire route vers l'archipel des délices : la Polynésie. Et toujours cet accueil plein de délicatesse. Peu de bateaux à l'époque traversaient le Pacifique et, pour les Polynésiens, c'était toujours une joie immense d'accueillir Éric et son équipage. On était souvent reçus par d'anciens résistants qui avaient choisi de s'établir dans le Pacifique pour panser les plaies de la guerre. Donc, pour ces hommes qui avaient à l'époque une petite cinquantaine, nous étions à leurs yeux une génération aux profils identiques aux leurs.

À travers nos visages, nos façons de voir le monde, ils se reconnaissaient parfaitement dans ce miroir que nous leur tendions. Pour eux, nous étions une sorte d'extension d'eux-mêmes, un prolongement de leur jeunesse.

Avec le recul, j'ai pensé que ces personnages s'étaient comme détachés d'un livre et qu'ils menaient une vie indépendante, comme libérés. Ils progressaient, libérés de l'auteur qui les avait couchés sur le papier. Ils avaient vécu sous serre durant ces années de guerre et poussaient, une fois entrés dans l'âge mûr, avec une vigueur bluffante en empruntant tous les plus grands toboggans de la vie.

Ces types avaient fait preuve d'un grand courage sous les drapeaux mais étaient aussi restés des types définitivement accrochés à l'aventure. Souvent, les mêmes profils rencontrés avec Éric Tabarly et Alain Colas en Nouvelle-Calédonie plus tard.

Ainsi, ils voyaient arriver de jeunes hommes sur un bateau de course qui combinaient morale stricte du large et, pour être franc, une assez grande excentricité à terre. Nous étions conformes à leurs idéaux de jeunesse : ironiques, sceptiques, pleins de nerfs et totalement indépendants d'esprit. Ce qui leur plaisait, c'est que nous étions d'une foi absolue dans le talent robuste de Tabarly, mais aussi complètement sauvages.

Ces hommes avaient eu des vies bien remplies et étaient très heureux au contact de ces garçons qui étaient comme une lointaine parentèle qui avait appareillé un jour de pluie de la péninsule bretonne pour leur apporter un salut fraternel. Tous ces gens-là nous ouvraient leur cœur et leur maison. Ils nous emmenaient fureter dans leurs souvenirs. Ils avaient tous baroudé et ils voyaient enfin une nouvelle génération qui avait l'air, toutes proportions gardées, d'accepter le combat, mais le combat avec la mer. Car la navigation était difficile à l'époque. Elle avait une puissance douloureuse qui laissait des traces. Si bien que les hommes étaient souvent abîmés à l'arrivée mais jamais aucun n'aurait porté plainte pour coups et blessures.

Je me souviens en particulier d'un type tout à fait extraordinaire à Tahiti. Le colonel Gambini était corse par son père et vietnamien par sa mère. Il était chef du renseignement militaire en Polynésie à l'époque des essais dans les années 1969-1970. J'aimais beaucoup ce type et je crois que c'était réciproque.

Tous ces hommes fréquentaient alors une sorte de club virtuel qui s'appelait « Les vieux cons du Pacifique ». Un club réservé aux gens qui avaient fait la guerre de 40, qui avaient connu la débâcle, la fuite et l'exil sur les routes. Ces hommes avaient été terriblement marqués par la guerre. Ils avaient connu la peur, la souffrance, la mort et, au bout du compte, l'effort inutile vers l'inéluctable défaite.

Ces hommes m'ont conforté dans les idées que j'avais du vieux monde qui sentait le renfermé. Ils l'avaient quitté sans un regard. Ces gens avaient rejeté toutes les servitudes. Ils ne voulaient plus de ce monde désaxé qui les avait abîmés. Il y avait chez eux une gaieté de façade que j'ai toujours perçue comme une immense politesse. Mais on sentait parfois à ces silences douloureux l'infinie tristesse des résignations enfouies.

Ils étaient vigoureusement réalistes, adoraient l'expression forte de l'amitié et étaient fondamentalement généreux : leur porte était toujours ouverte pour l'autre.

Ils étaient minutieux en amitié et sincères. Ils regardaient ailleurs qu'en eux-mêmes et n'étaient pas, le moins du monde, repliés sur les épreuves endurées. Mais ils en avaient trop vu. Ils en avaient trop bavé. À ce propos, je me souviens d'un homme, Marc Darnois. Ce Marc Darnois avait perdu une jambe dans les Ardennes. C'était un Antillais, très beau, avec des cheveux très blancs. Il y avait bien sûr Gambini et avec lui un type qui s'appelait Coco Chasse. Un ancien béret vert des commandos anglais. C'était les piliers du club.

Ils réagissaient tous par une ironie mordante. Des types pittoresques mais avec un soupçon d'amertume. J'avais encore en tête l'histoire des *Quatre du Moana*, ce film où quatre types embarquent pour un tour du monde à la pêche.

Vingt ans plus tard, ils avaient trouvé du travail au Club Med en Polynésie. Cette génération-là avait juste dix-huit ans à la fin de la guerre. Donc, ils avaient la petite quarantaine Ils s'étaient installés en Polynésie et y prenaient un plaisir insolent. Je les revois sous le soleil et ça me touche quand j'y pense près de quarante ans plus tard.

Ce sont ces gens-là que je voyais sur le quai, drôles, amicaux, émancipés de leur histoire européenne et affranchis de toutes contraintes. Ces gens-là qui venaient nous voir, qui venaient chaleureusement serrer la main de Tabarly. Ils avaient, allez, cinq ou six ans de plus que Tabarly. Ils retissaient une unité presque combattante autour d'un homme au sourire énigmatique et qui était du même bois qu'eux : Tabarly.

On m'a souvent demandé à l'époque qui étaient ces gens qui nous accueillaient à n'importe quelle heure du jour et de la nuit. Eh bien, c'étaient eux : un unijambiste antillais beau comme un dieu, un Corso-Vietnamien et un ancien béret vert qui avait rejoint le Général à Londres. Le plus beau comité d'accueil dont on puisse rêver quand la mer vous a rompu pendant deux mois.

Ces gens, assez peu bavards de nature, adoraient parler parce qu'on leur posait des questions précises. Ils étaient denses et d'une extrême précision quant à leur vie et leur existence polynésienne. Je crois bien que jamais je n'ai posé autant de questions. Un flot ininterrompu. J'étais absolument curieux de tout. Cette bande de quadras nous ressemblait terriblement. Intellectuellement très proches car pleins du refus des conventions relatives à la vie sociale, et en même temps des hommes ordonnés par une pensée subtile et souple. Quand Gambini me disait : « Vous savez, Olivier, vous n'imaginez pas ce que c'était que d'être un officier métis dans l'armée française à cette époque : on ne partageait pas la table avec les autres officiers... »

Pour un jeune homme de vingt ans, entendre une chose pareille, c'est comme prendre soudainement conscience de l'obscurité imbécile du monde. Près de quarante ans plus tard, je n'ai pas oublié cette confidence.

Ces hommes ont été pour moi un condensé de savoir, mon université, mes cours du soir et, pour tout dire, ont participé à mon rattrapage scolaire. Ils avaient vécu juin 1940. Ils avaient vécu l'humiliation de l'Indochine et l'humiliation du métissage. Qui étaient-ils ? Des gens sortis des ténèbres et qui ont tu trop longtemps l'indignité qui leur fut faite quant à la couleur de leur peau. Ils se remettaient de leurs blessures morales au contact d'Éric et des jeunes gens du bord. Il y avait une résonance forte entre nous. Ces hommes avaient un relief saisissant. Difficile de dire aujourd'hui s'ils cherchaient un apaisement à notre contact car les humiliations qu'ils subissaient, nous ne pouvions les partager, mais juste les imaginer. Et elles nous effrayaient.

Évidemment, quand on a vingt ans, on écoute de toutes ses oreilles. En plus, leur sympathie était charmante. Ils possédaient une causticité réjouissante, une certaine mélancolie qui nous touchait. Une fois rentrés en Europe, naturellement, nous fûmes questionnés. Qui étaient ces gens chez qui vous étiez ? Comment avez-vous été accueillis ? Et les filles : elles sont comme on dit ? Pour être vraiment honnête, il s'agit là de l'aspect le plus douloureux du retour : répondre à des questions sottes. Surtout que Mai 68 avait énormément occupé les esprits.

Je reviens à Darnois que je n'ai jamais oublié et qui me confia que, après la campagne d'Italie, il s'était trouvé, lui, l'Antillais, dans le bataillon du Pacifique. La guerre est terminée. Nous sommes début 1946. Il y a laissé une jambe. La gauche. Il n'a pas de famille.

Il ne sait pas où aller. Rentrer aux Antilles ? Il entrevoit la chose quelque temps mais surtout partage avec des Tahitiens convalescents la chambre : « Hé, mais rentre avec nous ! » lui disent-ils.

Tous prennent le bateau et rentrent. Darnois avait vingt-quatre ans. Un pays qui marche à cloche-pied, l'après-guerre, une jambe en moins, Darnois avait vécu des choses moches. « Vivre ! disait-il. Vivre autre chose ! »

Darnois ne voulait plus entendre parler de l'Europe soumise depuis six ans à tous les instincts les plus bas. Et moi, à ma manière, je me retrouvais fortement dans Darnois. Je sais que les choses ne sont en rien comparables mais je sortais de dix-huit années de « préventive » en pension où j'avais été privé de liberté. Un enfermement familial, doublé d'une scolarité épouvantable, m'avait convaincu que mon salut passerait par le large et le partage d'autres valeurs que celles qui m'avaient trop longtemps été imposées.

Moi aussi, je ne voulais plus entendre parler du vieux monde que j'aurais volontiers donné aux chiens. Je trouvais surtout que Darnois avait fait preuve de courage et de bon sens en suivant son instinct, en répondant favorablement à ses camarades polynésiens. Il y avait répondu par l'affirmative, à cette collectivité fraternelle. Il y avait à mes yeux une vraie sagesse stoïcienne, cordiale et souriante chez cet homme.

J'ai souvent pensé à l'apport de ces hommes dans ma construction. Difficile de le quantifier mais j'aime par-dessus tout l'idée que ces hommes étaient doués d'une clairvoyance sans illusions sur le monde. J'aime assez cette idée car elle matérialise un moment significatif de mon existence.

Pour que les choses soient nettes : ce n'était pas de la révolte, car jamais je n'ai été ingénu à ce point. Non, il s'agissait d'évasion pure et simple. En fait, je creusais le tunnel pour foutre le camp. Au bout du tunnel m'attendait la communauté des « Vieux cons du Pacifique », comme elle s'appelait, communauté gavroche, loyale, lucide, indépendante, refusant l'abrutissement du monde ; communauté fantasque, libérale, et ayant le culte de l'esprit.

L'ironie pincée de ces hommes me manque terriblement. À cette époque, ils tenaient tous les postes importants dans l'archipel mais sans domination ostentatoire. Tous ces types qui étaient en vue dans l'archipel avaient été à un moment précis de leur vie soumis au feu. Le courage était une vertu partagée entre eux et nous. Ils aimaient bien ces types jeunes qu'ils voyaient comme un reflet de leur jeunesse. Tabarly, ils le considéraient comme un homme d'une probité silencieuse. Les années ont passé et je n'ai jamais retranché un mot à ces souvenirs. Un jour, j'apprends que Gambini est hospitalisé à Paris. « Pas en bon état », me dit-on. Je file alors au Val-de-Grâce. Il souffrait d'un cancer. La maladie était très avancée. Il savait très bien qu'il n'en avait plus pour longtemps. Je me souviens très bien d'une grande salle et de plafonds si hauts, et lui déjà si creusé par la maladie.

« Colonel, je viens vous voir, lui dis-je.

— Ah, Olivier, c'est gentil de votre part !

— Ne vous en faites pas, ça va aller mieux, mon colonel. On va se revoir, n'est-ce pas ?

— Oh, Olivier, ne faites pas l'effort de mentir, cela ne vous va pas », sourit-il.

L'élégance suprême de celui qui vous console. Pas moyen d'oublier un tel moment.

Plus près de nous, en 2004, on navigue alors dans les atolls à bord d'*Ocean Alchimist*. On mouille près d'une île, au sud des Tuamotu, abandonnée par une compagnie minière. L'extraction de phosphate avait pris fin il y a une petite quinzaine d'années. Le matériel minier était déjà mangé par la rouille. Nous sommes accompagnés par un pêcheur tahitien que je connais depuis des années. Il nous fait la visite : port abandonné, tapis roulants, bandes de caoutchouc craquelées, assez grosse exploitation à l'époque.

On tombe sur une petite maison après quinze minutes de marche. Une musique s'en échappe. Un homme, soixante-dix ans environ, très belle tête, chemise tombante sur un short, s'avance. Le type se tient très droit. Ne dit pas un mot. Je distingue une tombe dans le jardin. Silence des hommes du bord qui m'accompagnent et toujours ce petit air de musique. Devinant notre trouble, l'homme se met alors à parler d'une voix très douce en roulant les *r* : « Comme tous les dimanches, je m'installe sur la tombe de ma femme et tous les deux, on écoute la radio. »

J'ai senti alors que les larmes n'étaient pas loin. Cet homme me dit que pendant quarante ans lui et son épouse ont écouté la radio à cette même place où repose maintenant sa femme. La radio, c'était aussi le prêche du pasteur le dimanche matin et puis les airs sur lesquels ils s'étaient embrassés. Cet homme m'a bouleversé par cette fidélité, cette distance par rapport au monde qui l'entourait. Bien entendu, il avait travaillé dans l'exploitation. Il était à présent à la retraite. Et doublement seul. Ses enfants étaient partis vivre en ville et l'île se trouvait à cent vingt milles de Papeete. On l'a laissé et il s'est rassis sur sa chaise. Sur la tombe de sa femme. Quand nous sommes repartis, on a de nouveau entendu quelques notes de musique derrière les trois bananiers doucement agités par la brise. Dans le visage de cet homme : tout le mystère de l'amour.

Calédonie

J'ai vécu les années 1969-1970 en Nouvelle-Calédonie et en Polynésie comme une période dense et savoureuse. La vie était un accommodement aux circonstances. Les gens étaient d'une insatiable curiosité envers Tabarly et tout l'équipage.

Nous sommes en 1967 peu après Sydney-Hobart remportée sur *Pen Duick III* et qui couronne une année magique.

L'équipage est alors en escale à Nouméa. Henri Martinet fait partie de ces Calédoniens présents à l'escale qui s'escrimeront pour rendre le séjour d'Éric et de ses hommes le plus agréable possible.

Henri Martinet est l'homme qui avait relié la métropole à la Nouvelle-Calédonie en biplace Renault en 1939 après avoir failli sombrer trois fois, selon la légende. Martinet, né en métropole, s'était installé il y a plus de quarante ans à Nouméa. Cet homme possédait un cran stupéfiant. Il avait fait des études de pharmacie et était passionné par les lois de physique qui maintiennent les corps en l'air. Je le voyais un peu comme un homme de la trempe d'un Gabriel Voisin, ce génial inventeur du début du XXe siècle. Martinet était dans son genre un pionnier puisqu'il avait fondé deux compagnies aériennes dans le Pacifique. Il était déjà un peu âgé quand nous nous sommes rencontrés mais possédait une vivacité stupéfiante. Martinet avait restauré un petit avion que les forces américaines avaient laissé après l'occupation de la Nouvelle-Calédonie lors de la guerre du Pacifique. J'ai survolé, dans ce biplan qu'il pilotait, Grande Terre. C'était comme découper avec un ouvre-boîte un haricot géant de quatre cents kilomètres de long. Je garde de ces heures de vol un souvenir merveilleux car Martinet était, sur la Calédonie, un homme d'une immense érudition. Le temps était clair et le nez de l'avion regardait vers l'ouest et la mer de Corail. Quatre heures plus tard, on embrassait l'aéroport de Nouméa. Lui, ravi du plaisir qu'il m'avait fait partager, et moi un peu secoué mais aussi infiniment reconnaissant d'avoir pu voler en compagnie d'un homme qui avait marqué l'histoire de l'aviation d'avant guerre en ralliant Paris à Nouméa en 1939 en un peu moins de cent cinquante heures.

Pour les militaires, le Pacifique était à l'époque un endroit d'une importance stratégique. Éric, comme officier de marine, était sans cesse fêté. L'avion du Cotam (Commandement du transport aérien militaire) reliait Nouméa à Papeete toutes les semaines. Il nous est arrivé de l'emprunter pour rallier Nouméa, par exemple, et faire le chemin retour. Les militaires proposaient leur médiation en cas de problèmes. Mais Éric ne sollicitait jamais rien. On était reçus avec chaleur dans le mess des officiers ou encore chez l'amiral, loin de cette image du militaire avec l'auriculaire sur la couture du pantalon. Éric avait quatorze ans de plus que moi. Il avait trente-sept ans et avait de bons copains qui tenaient des postes prestigieux dans le Pacifique. Il plaisantait avec ses copains de l'Aéronavale, qui trouvaient la saillie flatteuse : « Dans la marine, il y a des cons. Mais il y en a plutôt moins qu'ailleurs. » Ce milieu, pas du tout académique, était entièrement ouvert à Éric. On se baladait beaucoup entre Polynésie et Nouvelle-Calédonie. J'ai connu la Nouvelle-Calédonie avec *Pen Duick III* puis j'y suis retourné avec *Pen Duick IV*.

Éric connaît alors des problèmes financiers, le fisc lui cherchant des poux dans la tête. Alain Colas se propose de racheter le trimaran à Éric. Je me retrouve sans bateau, sans capitaine, sans argent. Hubert Wayaffe, animateur d'Europe 1, s'est installé dans le Pacifique. Hubert s'associe à un Tahitien fourmillant d'idées, Jacky Martin. Ils créent leur société, la SPOT, Société polynésienne d'organisation théâtrale, dont la raison sociale est d'engager des vedettes métropolitaines pour des tournées australes. En fait, les deux hommes sont animés d'un allant terrible. Mais, pour tout dire, débutent dans le métier de « tourneur ». Ils ont néanmoins reçu, grâce aux relations qu'Hubert a forgées à Paris, l'accord de Dalida pour un récital qu'elle donnera deux mois plus tard. On m'apprend un matin qu'elle est annoncée sur le vol de Paris mais rien n'est prévu pour l'accueillir. À peine débarquée de l'avion, Dalida souhaite prendre « un bain de soleil ». Plage, peignoir en éponge et transat. Adossé à la voiture, j'attends à l'ombre la vedette. Pour tout dire assez inquiet car le soleil cogne affreusement. Elle donne le signal du départ et nous empruntons une piste de latérite vers Thio. Direction la montagne et les mines de nickel où elle doit donner en soirée son récital. « Barattée » par les trois heures de piste, la chanteuse, déjà rouge comme un homard, arrive à destination sous un nuage de latérite. Sous le chapiteau dressé, des mineurs qui n'ont pas vu une femme depuis six mois. Les esprits sont échauffés par le soleil et la bière. On joue des coudes déjà pour rentrer. Je mets la main sur deux Kanaks, très dissuasifs, pour assurer le service d'ordre.

La diva sera à la hauteur dans sa robe blanche pastillée de latérite. Le rideau se ferme sur le dernier rappel. Tandis qu'un 4 × 4 reconduit vers Nouméa la chanteuse qui vient de faire un tabac, je récupère la recette et la remets à Jacky Martin, comme prévu. Mais ce dernier, croyant la mettre à l'abri dans sa voiture, se trompe de véhicule. Recette qu'on retrouvera quelques heures plus tard et à laquelle il ne manque pas un franc. Un miracle ! Je dois reconnaître que c'était une organisation très « Pieds Nickelés ».

Comme Hubert et Jacky prolongent la tournée à Tahiti pour en amortir les coûts, ils décident alors de m'emmener avec eux dans leurs bagages. Mais Jacky et Hubert se désintéressent assez vite de la société et je me retrouve bombardé gérant alors que j'étais, il y a encore quatre mois, marin sur *Pen Duick IV*. Mais je me vois mal assumer une carrière de régisseur de spectacles sous les palmiers polynésiens ou, pire, dans les mines de nickel de cette Calédonie où il ne manque qu'un poste d'adjoint au shérif pour prendre définitivement des allures de Far West.

La SPOT sera finalement cédée quelques mois plus tard. Me voilà revenu au point de départ, certes, avec un petit pécule, mais pas de projets puisque *Pen Duick IV* a été vendu à Alain Colas. Me voilà à Tahiti les mains dans les poches. Pas longtemps, puisque je trouve une place de directeur à Tahiti Marine. Je dois inspirer confiance puisque le propriétaire, qui doit partir en métropole, me laisse les clés de la boutique, de sa voiture et d'une villa qu'on ne voit que dans les films hollywoodiens. Je suis alors assez éloigné des flatteuses aventures commencées il y a deux ans avec Éric. J'ai l'impression d'une singulière destinée. Il y a six mois, je naviguais dans le Pacifique et me voilà à présent à faire l'article pour des moteurs hors-bord et à dormir le soir dans un lit en plume d'oie avec vue sur le lagon. On ne peut pas appeler cela une victoire morale.

Je quitte au bout de huit mois ce roman exotique et rejoins Paris. Après coup, je me dis que j'ai essayé de faire marcher ce commerce le moins mal possible et n'ai pas dégradé les comptes. C'est vrai que la Polynésie me faisait battre le cœur. C'est là précisément que j'aurais voulu être si je n'avais perdu tant de temps à me chercher au sortir de l'adolescence. Au début, j'ai été ébloui. Ce pays était un songe qui avait fait travailler les imaginations européennes depuis la révolte du *Bounty*. Ces huit mois m'ont au moins permis de faire un inventaire moral où il apparaissait que si je devais encore rester quinze jours de plus, j'aurais séché sur place. Il fallait que l'archipel m'expulse. Il fallait que je me rattache à ma vie de marin. Je savais le prix des secondes comme un horloger. J'avais l'impression d'être un domestique attaché par accident à l'argent et cela ne me ressemblait pas du tout. Si bien que, en restant, je serais définitivement devenu méconnaissable à moi-même.

Les Antilles

C'est aux Antilles que j'ai aménagé ma condition d'observateur. J'ai toujours été aux Antilles un voyageur marchant sur la pointe des pieds. D'une manière générale, le voyageur doit être souple d'esprit et avare de paroles. Car voyager, c'est étudier avec une lucidité totalement dépourvue de prévention les mutations des sentiments. Il s'agit de suggérer, mais sans dire. D'abord, choisir un banc public, si possible avec ferronnerie, pour être parfaitement installé au centre du récit. Il y en a d'excellents comme sur la darse de Pointe-à-Pitre.

Ainsi installé, on peut observer « le coup de vent » des choses, capter un charme, saisir un reflet, comme dans les bons romans psychologiques du XIXe siècle. J'entends toujours le même refrain : la population antillaise est ceci, elle est comme cela. On la dit « difficile ». Mais « difficile » comment ? Je la sais irritée par le comportement des touristes, comportement souvent outrageant.

Aussi valable à Saint-Galmier qu'à Fort-de-France par ailleurs. Il ne faut jamais perdre de vue que le voyageur est un corps étranger. Ne rien solliciter, ne rien demander. Être silencieux et paisible. Pousser une porte de restaurant, tirer le rideau d'une mercerie, passer la tête et juste dire : « bonjour ». Mais toujours se souvenir que le voyageur est un peu comme un type qui attendrait l'autobus. Il ne doit jamais rien imposer à l'autre, ni son verbe ni ses idées. Les choses sont très différentes aujourd'hui puisque le voyageur est un consommateur. Il choisit, compare et parfois assigne devant les tribunaux si les frites sont molles. Aux Antilles, ne jamais oublier que le mal fut méthodiquement infligé par d'autres hommes à leurs semblables. Pour autant, je n'ai jamais vécu dans l'idée de repentance mais je sais combien la mémoire de l'esclavage est ressentie comme une mutilation. C'est pourquoi le silence doit être respecté. Il ne doit pas être pris comme une barrière entre Noirs et Blancs mais plutôt comme le premier garant d'une certaine expression de la politesse. Le voyageur ne doit pas être désabusé par les silences qui peuvent l'entourer. Aux Antilles on n'aime pas tellement le débraillé ni la dérobade.

L'exploitation touristique a eu pour conséquence de chasser les gens du bord de mer. Aux Antilles, il y a encore trente ans, les plus pauvres habitaient le long du littoral. Aujourd'hui, c'est l'inverse. Tout comme en métropole, d'ailleurs. Le bord de mer appartenait aux plus modestes. Les terres soi-disant riches étaient à rechercher à l'intérieur des îles. Les populations se fixaient alors selon les professions : agriculteurs, bouilleurs de cru, propriétaires terriens. Bref, selon des codes établis. Le tourisme a fait voler en éclats ces installations de populations. Il fallait construire « les pieds dans l'eau ».

La mer des Caraïbes est excessivement bien rangée, pliée comme du linge dans une commode. Rarement perturbée. Évidemment plus agitée dans les canaux entre les îles. Par exemple, la même crête de vague va courir sur quatre cents mètres de long. Tout cela est dû à des conditions d'alizés qui sont établies sous un système d'anticyclone au sud et au nord de l'équateur. C'est ensuite une mer parfaitement connue des marins avec des vents de travers. On tire rarement des bords, on progresse au près et on revient au portant, si c'est du sud-est ou alors du nord-est. Les îles sont des abris merveilleux qui sont souvent séparés par une vingtaine de milles.

Je me souviens de cette époque de Fort-de-France juste après avoir traversé l'Atlantique avec *Pen Duick IV* depuis les Canaries jusqu'à la pointe du Diamant (dix jours et douze heures).

Je suis resté garder le bateau pendant que Tabarly et Colas rentraient en métropole. De toutes les façons, je n'avais pas assez d'argent pour rentrer. J'ai alors vécu un peu seul dans la Caraïbe. Ce n'était pas désagréable du tout. J'ai le souvenir d'un Fort-de-France paisible, d'une grande douceur, avec des petits bars desquels s'échappait la musique créole. Ces images gardées de cette époque me remuent toujours car il s'agit d'un monde évaporé. Il y avait une légèreté, un climat, des personnages espiègles qui baignaient dans une atmosphère irréelle.

J'ai horreur du sentimentalisme mais je dois confesser que cette époque antillaise fut souriante, nature et fraternelle. Un attendrissement inattendu de ma part ? Et pourquoi pas ?

Les années ont passé et c'est toujours cette musique-là que j'entends quand j'y retourne. La place de la Savane à Fort-de-France était un endroit charmant et un peu mélancolique.

J'ai ressenti ce plaisir que je croyais disparu en lisant *Antan d'enfance* de Patrick Chamoiseau parce que c'est exactement ce que j'ai vécu.

Il y a chez Chamoiseau ce ressenti des souvenirs, cette langue éclatante et toute la reconstitution de l'enfance. Tout cela me touche car Chamoiseau, par son écriture, me ramène aussi à ma propre jeunesse. En reconstituant minutieusement ses années de jeunesse, l'écrivain tire aussi un trait sur un passé, qui a pu paraître plus délicat, moins sûrement à la merci du désarroi des consciences d'aujourd'hui.

Mais il est possible que ce passé soit aussi vu par moi comme plus romancé, comme un passé sous cloche... Pourtant, c'est exactement ce monde-là, ce monde de femmes qui vont et viennent au marché, qui écaillent le poisson, qui travaillent durement, oui, ce monde de petits enfants si bien habillés, si proprets et en même temps si vifs, parfois si effrontés, que je retiens.

Cette Martinique où le désir de parler un français d'une pureté inatteignable pour la métropole était pour les Antilles une véritable ambition nationale. On le voit toujours chez les écrivains antillais. Cette langue qui se maintient grâce à un vocabulaire d'une richesse que je jalouse. Cette langue demeure d'une rare beauté. Une langue classique faite de bulles irisées, d'expressions au silex, de raccourcis imprévus, d'images surprenantes, en un mot : une langue brillante, une langue qui se prête « à l'effet » et que plus personne en métropole ne parle.

J'ai vécu les Antilles dans le plaisir de voir, de connaître. Ce souvenir de navigation sur *Pen Duick IV* et *Pen Duick III*, dans les années 1971-1972, c'était quelque chose d'extraordinaire. J'ai le souvenir d'une plénitude maritime. C'était toujours dense, cocasse, vigoureux, pittoresque et si amical entre nous. C'était une époque qui m'a comblé. Il y avait en tout et pour tout huit bateaux de charter à l'époque. On connaissait tous les capitaines. C'étaient des types originaux qui faisaient ce boulot par goût et non par souci de leur carrière. La clientèle de charters était, elle-même, composée de gens très originaux, gentiment toqués et un peu bohèmes quand même. Une clientèle hasardeuse, saisissante, qui voyageait dans le but de grandir et d'apprendre. Ce n'était pas des gens qui regardaient, avant d'appareiller, si le samedi il y aurait de la langouste au dîner. Ou si le meursault venait de la cave de chez Untel.

C'étaient des gens qui avaient une envie sincère de naviguer aux Antilles. Ce monde-là était autrement plus raffiné, plus élégant, plus chic, mais avec une certaine originalité. Mais pas du tout bégueule. Il n'y avait qu'un hôtel à Fort-de-France, le Bakoua : quinze chambres, très simples, sans chichis. Je jouais au gin-rami avec des banquiers suisses qui laissaient des fortunes, en riant, aux « pouilleux » que nous étions à l'époque. C'est lors d'une de ces parties que j'ai rencontré un photographe étonnant, un type hors du commun : Charles Bonnay.

J'aimais bien ces Antilles-là car les personnages semblaient sortis tout droit d'un music-hall.

Les collègues américains de Bonnay l'appelaient « le Grand Charles ». Ce type avait fait les premières photos d'Hô Chi Minh et avait sauté en parachute sur le *Santa Maria*, un paquebot détourné par des militants antifascistes qui voulaient attirer le regard du monde sur le Portugal de Salazar. Novembre 1968, escale aux Antilles. On vient de battre avec *Pen Duick IV* le record de l'Atlantique Sud en dix jours et douze heures. On arrive aux Antilles le matin et nous sommes assez déshydratés : nous sommes accueillis par les Antillais qui nous servent des punchs. J'en bois un, deux, trois, quatre… Le soir, nous sommes invités à dîner par le patron de *France-Antilles*. Lorsque j'arrive au repas où Bonnay est invité car il vient de faire la une de *Life Magazine* avec la première photo d'Hô Chi Minh, je m'écroule d'un coup. Je suis fracassé, j'ai bu toute la journée. Bref, je suis K-O. À la fin du dîner, au cours duquel je n'ai rien avalé, Bonnay, que je ne connais pas encore, me regarde et me dit : « Ils sont bien, les marins français. Si seulement on avait ça en Amérique. » Et c'est ainsi que je suis devenu copain avec lui. Ensuite, Tabarly et Colas s'en vont. Je reste seul à garder le bateau. Je n'ai pas de sous et Bonnay passe au bateau, me propose son hôtel. Bonnay vivait sur un grand pied et s'était installé dans le seul bel hôtel de Martinique, le Bakoua. On aurait dit un prince russe avec un accent du faubourg. Il avait flirté avec la femme au plus grand buste au monde et tapait dans le dos de l'héritier des chewing-gums Machin. « Tu sais, me disait-il, toi et moi, on est sans attaches. On est des bohémiens, on n'a pas de famille. »

Le 24 décembre 1968 au matin, Bonnay apprend que des hôtesses de la Panam sont attendues au Bakoua. Le registre de l'hôtel indique qu'effectivement onze chambres sont réservées. « On va leur préparer leur petit Noël », me dit-il, et, dans la minute, réserve tout le champagne de l'hôtel. Quand les filles font leur entrée, le directeur de l'hôtel leur annonce que deux gentlemen leur ont préparé un dîner de Noël.

Bonnay avait fait dresser une grande table avec pour chacune un petit cadeau. Une adorable attention de sa part et les hôtesses en avaient la larme à l'œil.

Bonnay se lance dans un grand discours de diplomate sur l'amitié franco-américaine où il est question de La Fayette, puis de Khrouchtchev et de sa chaussure, de la baie des Cochons et de la longueur des Cadillac. Bonnay était un grand séducteur. Il portait des costumes à quatre cents dollars. Il avait fait ce geste avec une grande élégance et une belle gentillesse.

C'était un conteur remarquable et un grand photographe. Par la suite, Bonnay m'a amené plusieurs fois à New York. Il avait ses entrées dans tous les clubs. La route de Bonnay semblait pavée d'améthystes. Les filles se jetaient à son cou. J'étais comme le poisson-pilote à côté du grand requin blanc. Bonnay vivait voracement.

Un banquier suisse lui propose une partie de gin-rami un soir au Bakoua. Le type, très chic, avant de boucler sa valise, lui dit : « Cher ami, je dois vous régler ma dette de jeu. » Bonnay, fort surpris, car il pensait que la partie s'était jouée un centime le point et non un dollar le point : « Oh, pensez-vous, pas pour une si petite somme. » Le banquier lève un sourcil : « Si, si, j'y tiens », et lui pose devant les yeux une enveloppe de l'hôtel qui contenait… dix mille dollars. Deux semaines à faire la noce avec l'enveloppe du banquier.

Bonnay avait par ailleurs gagné énormément d'argent avec ses photos. Mais au début des années soixante-dix, il confie plus d'un million de dollars à un fonds véreux. Il perd tout et ne s'en remettra pas. Je l'ai revu en Polynésie plusieurs années après. Ce n'était plus le même homme. Il était abattu, usé, et n'avait plus ce tonnerre, cette dinguerie douce, dans les veines. J'ai appris qu'il avait tenté de se supprimer quelques mois plus tard. Il est mort il y a une vingtaine d'années à Los Angeles, seul, malade et ruiné. Une existence toute fitzgeraldienne. Dès la première rencontre il m'avait demandé de partir avec lui couvrir la guerre du Vietnam. Je pense parfois à cette proposition que j'ai refusée instinctivement et qui me trotte encore dans la tête. J'étais jeune, fragile. Tout juste vingt-quatre ans. Dans quoi aurais-je sombré ? La vie avec lui était un bouillon épicé qui vous brûlait sur place. Bonnay a passé sa vie à se jeter dans la gueule des monstres. C'était dans son genre un loup magnifique.

Je suis retourné dernièrement en Guadeloupe, mais hors couverture de la Route du Rhum. C'était tout début 2007. Quand il n'y a plus cette foule que l'on retrouve à l'arrivée d'une course, souvent les cousins issus de germains du concurrent qui a fini treizième.

C'est justement hors des grandes migrations médiatico-nautiques que le rythme antillais est le plus délicieux. C'est là qu'on sent le mieux le génie désordonné d'une population, son ironie profonde, et aussi la trace de ses angoisses. Ces Antilles m'ont tenu lieu de patrie. Pourtant, nous nous sommes boudés.

J'ai été fâché avec les Antilles pendant presque vingt ans. Je trouvais que tout était devenu odieux, gâté, abîmé. Puis j'ai ressenti un coup de foudre en début d'année 2007. J'ai retrouvé ces petits riens oubliés, ces regards que je n'avais plus surpris.

Une grâce renouvelée lors d'une escale en revenant de Panamá l'an dernier. J'ai reculé la date pour appareiller car le temps était vraiment mauvais. Comme nous n'étions pas en course, que le bateau était de retour d'une campagne de trente mois, je n'avais aucune raison de me prendre des vagues de trente pieds dans l'Atlantique Nord !

Pour la première fois depuis très longtemps j'ai été triste de repartir vers la métropole.

Il n'aurait pas été courtois de ma part de passer sous silence les femmes, surtout pour un type qui passe pour un parfait mufle. Toujours aussi magnifiques et souvent irrésistiblement drôles avec cette effronterie réjouissante. Elles sont d'une verve inouïe, pétulantes et surtout optimistes. Grande admiration pour elles qui tiennent leur ménage d'une main de fer.

Il y a eu un tournant entre 1978 et 1980 quand il fut décidé d'ouvrir l'arc antillais à un tourisme de masse car il fallait bien en passer par là pour le développement de l'île, se disait-on. Mais le touriste n'arrange pas les lieux. Comment affronter ce nouveau péril en short et chemisette qui n'est jamais content de son sort ? Je crois que l'acceptation de cette contrainte a profondément bouleversé les Antilles. C'est la fameuse piqûre du serpent, comme dans Saint-Exupéry.

Alors, on vient prendre des souvenirs, de plus en plus gros, on soulève les pierres du pays sans jamais se soucier de les remettre à leur place. On enlève toujours quelque chose à l'âme du pays. C'est comme si chaque photo prise, chaque image captée, emportait un bout de cette candeur antillaise. Je sais bien que ce tourisme a créé des emplois, souvent précaires d'ailleurs, mais aussi créé des difficultés sociales, d'infinies tensions et que, pour tout dire, ce tourisme n'a pas été très bien compris ni expliqué. Les touristes viennent. Repartent. Une souffrance nécessaire que rachèteraient d'autres touristes ? C'est comme si la grâce de ces îles n'avait été que juste entrevue. Je sais d'expérience que c'est assez éprouvant de voir arriver tant de gens chez soi. Gens qui s'interpellent d'un trottoir à l'autre, klaxonnent sur les routes de campagne parce que le tracteur du cultivateur les ralentit sur la route de la plage. C'est pourquoi je comprends la population antillaise quand elle renâcle devant ces touristes qui ont souvent des exigences furieuses et ont oublié ce qu'étaient le vent, la montée de la sève, les nuages, le bruit du ressac, bref, toute dimension spirituelle.

Ce n'est pas un vieux rêve naturaliste à la Rousseau que je forme mais je me demande si l'éducation froide, artificielle, et totalement coupée de la nature, n'y serait pas pour quelque chose...

Quand j'étais gosse, en 1950, la Bretagne était un pays presque vide de population, à l'exception des pêcheurs et des agriculteurs. La ville avait aspiré toute la main-d'œuvre. Les premiers touristes sont arrivés dans les années cinquante. Pour nous, c'étaient toujours, d'une certaine façon, des envahisseurs. Il est vrai qu'il y avait chez les Bretons, disons, un certain caractère abrupt à l'égard des touristes. Pourquoi les avoir rejetés ? Tout simplement à cause de leur comportement assez désolant. Ces gens, qui venaient de la ville en 4 CV, nous prenaient pour des ploucs et ne savaient pas se tenir. Il y avait là un caractère terriblement offensant pour nous. Je me souviens qu'on tirait avec mon frère au lance-pierre sur les voitures des Parisiens dès qu'on voyait une plaque 75. C'étaient nos ennemis, des envahisseurs crasseux, du moins moralement s'entend. On prenait un grand plaisir dans cette détestation. Mais le foutu paradoxe, c'est qu'on ne pouvait pas vivre sans eux : ils remplissaient les hôtels, faisaient vivoter la mercière, assuraient le chiffre de l'année à la droguerie du bourg qui leur vendait pelles de plage et pliants, et ils enrichissaient l'unique pompiste du coin. Je reconnais bien volontiers que ce n'était pas du tout fair-play de notre part de cribler de billes les carrosseries et d'agonir d'insultes les passagers. Mais il faut juste imaginer un instant l'effet ressenti par les Antilles quand les compagnies à bas coût ont débarqué sur le tarmac de Fort-de-France : un véritable épouvantail.

J'ai souvent assisté à des rencontres ratées, ce moment où le touriste prend son plaisir et où souvent l'habitant ne le voit pas ou n'est pas disposé à la rencontre. Et puis, parfois, c'est un véritable état de grâce qui naît car le plaisir de l'autre est communicatif.

Aux Antilles, j'ai la certitude que les îles n'ont pas vu le plaisir de ces gens-là, de ces touristes sincères. Les Antilles n'y ont vu que la gêne que ces gens-là leur causaient. Ou que l'argent que ça allait leur rapporter. Difficile d'imputer le poids de la faute au seul touriste, même si je comprends l'humiliation, la colère et le combat des Antillais à préserver leurs îles.

Comment ne pas sympathiser avec les Antilles ? Est-ce possible ? Au bout du compte, je me dis que nous ne nous sommes pas compris mutuellement, qu'il y a eu vingt-cinq ans de rendez-vous loupés avec l'autre. J'ai l'impression que l'échange a été un peu raté. Un rendez-vous raté qui est source de souffrance pour chacun. Au fond, qui peut se prévaloir d'être préparé à la culture de la rencontre ? Du partage ? C'est bien la preuve que l'homme peut posséder un large éventail de cultures mais pas celle, la plus précieuse, du partage.

Il y a pourtant un vrai rendez-vous avec cet outre-mer-là, cet outre-mer aux populations magnifiques et toujours debout. Je suis sensible à la musique même si, comme je l'ai dit, je n'ai pas d'oreille. Jouer un air signifie pour moi l'expression des plus grandes joies. Cette musique, par exemple, qui sort d'une maison m'émeut car je sais qu'à cent mètres de l'endroit où je passe, tout en fumant ma cigarette, des gens sont tout à leur plaisir. Et de le savoir, ça me réjouit bien plus que d'y participer.

Je n'aime rien d'autre que m'asseoir sur un perron à bonne distance de la fête, imaginer sous la pergola la beauté des femmes, les échanges de regards, et des amours qui immanquablement vont naître. Ce n'est pas de ma part une infirmité à la joie mais je ressens mieux ainsi les pointillés du bonheur des autres. Juste une façon de capter l'émotion des hommes, ce qui permet de garder et de prolonger pour longtemps l'impression du bonheur. En m'éloignant de la sorte, je me préserve. J'appelle cela un « bon amorti du cœur ».

L'arc antillais, c'est aussi une géographie particulière, faite de séries d'abris généreux. Dans l'arc antillais francophone, il y a encore ce charme qui n'est pas abîmé. J'ai évoqué Chamoiseau, mais il y avait Aimé Césaire et puis il y a plein de « Césaire » sur ces îles. J'aime dire que les bateaux ne naissent jamais par accident. Un bateau n'est jamais la copie d'un autre bateau. Les charpentiers construisaient tel bateau avec telle forme parce que la mer à tel endroit du littoral exigeait qu'ils soient construits de la sorte, adaptés à ce type de mer, à cette « manœuvrabilité » souhaitée. Jamais une copie car ce qui était pensé ici l'était à bon escient. Le littoral, la climatologie, les conditions de mer sont très spécifiques.

C'est ce qui a donné le dessin des saintoises qui correspond à un clapot bien particulier. Les marins qui vont sur l'eau tous les jours ne sortent pas de l'école des Mines mais possèdent un savoir maritime incontestable.

On peut toujours faire naviguer des bateaux dessinés à Miami ou à Cannes dans ces mers. Mais jamais ils ne pourront rivaliser avec la tenue de mer de ces bateaux locaux. Ces dessins américains ou européens sont trop larges du nez, trop gras du cul : ils sont ridicules dans ce clapot.

L'Asie

Le trafic dans le rail du Pas-de-Calais n'est rien comparé à celui de l'entrée dans Tokyo. C'est la Concorde avant l'installation des feux tricolores. Rien que des lignes continues de cargos qui convergent vers le Japon à perte d'horizon.

Dans n'importe quel pays du monde qui possède une bordure maritime, les marins possèdent quelques rudiments d'anglais, ou maîtrisent quelques mots d'espagnol. Le Japonais ne parle que... japonais, ce qui le rend totalement imperméable à toute pénétration intramusculaire. De fait, la « piqûre du monde » se casse sur cet archipel depuis Magellan. Même les Jésuites ont échoué à vacciner cet archipel.

Ce qui est passionnant pour un marin, c'est de passer du temps avec les pêcheurs, d'être sur le bord de mer, de découvrir, de vivre avec eux ce qui les émeut, ce qui fait qu'ils font ce métier : dur et exigeant.

Là, impossible. Recourir à un interprète ? Il tuerait la spontanéité qui se dégagerait dans la conversation. Donc, un pays hermétique, qui donne l'impression d'être totalement interdit à l'Européen. Incompréhension totale de leur part. Aucun intérêt porté au voyageur. Je peux dire que le Japon fut le plus grand regret de ma carrière de marin.

Ce pays est une armure sans faille. Quel souvenir me reste-t-il ? Une mer mate couleur d'étain et mon reflet dans l'eau. Rien vu, ni calligraphie, ni jonque, ni jardin lilliputien, ni temple.

Un échec pour moi. La porte fermée sur un barbare, c'est comme cela que je l'ai pris. Rien envisagé des rapports subtils, des nuances, des pommiers en fleur et de la cérémonie du thé. Et terriblement vexé de n'avoir rien compris. Le Japon m'a laissé dans un état d'abattement car je n'ai jamais réussi à le saisir. Cette intelligence maritime, je croyais la tenir mais elle m'a filé entre les doigts. Elle ne s'est jamais révélée à moi. Elle est restée dans sa gangue. Impossible à ouvrir. Tout ce qu'il y avait de passionnant, de curieux, qui avait trait aux engins de pêche sur l'archipel, même les formes de bateaux, tout cela est resté enfermé dans un coffre.

Comment accompagner à la pêche un Japonais ? Mission impossible. Je suis allé à la pêche avec un Chilien, un Norvégien, un Polynésien, un Cambodgien. Avec un Japonais, c'est chose impossible. Je crois que, à travers cette impossibilité de communiquer, il y a ce prix payé par l'étranger qui vient pourtant dans une démarche de partage maritime.

Mais soixante ans plus tard, que se passe-t-il ? Toyota, Mitsubishi inondent le monde de leur production. Un pays sans minerai, sans énergie, un pays qui s'anéantit dans le travail. Une semaine de vacances, la *golden week*. Tout cela est sidérant pour moi.

Il faut imaginer ce peuple qui a vu débarquer les Américains d'un mètre quatre-vingts dans un pays où dix Japonais rentrent dans une Fiat 500 avec un sourire lumineux. Les Japonais se sont conduits affreusement en Chine, en Corée et aux Philippines. On sent toujours une détestation de leurs voisins. Il y a chez les Japonais une sacralisation du combat. Cette chose échappe aux Européens. Leur regard sur le monde est curieux. Une connaissance m'avait mis en garde : pays déroutant et fermé à double tour.

Une anecdote. Je suis reçu à l'ambassade de France. Il y avait là un Français qui avait commandé un sabre et avait demandé à des marins de le ramener en France. Une fortune, ce sabre, dans les quinze mille euros, me souffle-t-on. On me confie que l'artisan en question produit trois sabres par an et qu'il est considéré comme un patrimoine national. J'en suis resté stupéfait sur le coup mais pas surpris. C'est le pays du taylorisme absolu et de l'orfèvrerie la plus accomplie en matière d'artisanat.

J'ai voulu voir Tokyo et roulé en direction de l'aéroport. Plus de cent kilomètres pour ramener une amie à l'aéroport : ou comment rouler dans le décor de La Défense. J'ai vécu cela comme un cauchemar autoroutier. La pratique des arts martiaux et de l'art floral aurait-elle permis d'entrevoir un Japon qui m'a totalement échappé ?

Même leurs maisons d'amour sont interdites aux non-Japonais parce que la correction exige du client une maîtrise parfaite de la langue. Cela suffit à dire l'étanchéité de cet archipel.

La mer du Japon est compliquée. Je me suis souvent dit que, au XIXe siècle, amener un trois-mâts devait demander beaucoup d'efforts et de sacrifices ! Il n'y a que les Portugais qui ont entrepris ce voyage éprouvant. À Tokyo, il existe un musée maritime d'un intérêt restreint ; dans le fond d'une salle, un grand panneau didactique permet au visiteur, en appuyant sur un bouton, d'allumer les routes maritimes présentes sur une carte. Très bien. Très didactique. Mais il saute aux yeux du visiteur que les routes maritimes ont été inversées, notamment entre l'Angleterre et les États-Unis ! Évidemment, personne n'a osé leur signifier qu'ils s'étaient trompés de sens !

Qu'ai-je fait à Tokyo ? J'ai passé des heures assis sur un banc à regarder la foule. J'ai eu l'impression d'avoir été envoyé sur Mars. J'ai quand même vécu une expérience unique pour un marin qui vient de traverser le Pacifique : rentrer dans un *dog bar*. Dans ce bar, comme son nom l'indique, réservé aux quadrupèdes à l'œil humide, des couples de Japonais bavardent en tenant sous l'aisselle leur chien-chien habillé en footballeur uruguayen puis, dans un geste très maternel, le sanglent dans une poussette et s'en vont faire du shopping avec le chien enveloppé dans un babygros : bleu si c'est un mâle ; rose si c'est une femelle. Je crois qu'il s'agit d'une image assez éprouvante pour un marin qui débarque après quinze jours de mer.

Le climat est dur, humide et très froid en hiver. Chaud fin août, le piéton est lavé par les averses violentes. La grande curiosité pour le Breton amateur de poissons crus que je suis fut de déambuler dans le marché aux poissons de Tokyo. Une pure merveille ! Huit mille employés, dans un respect inouï de leur travail, coupent, émincent des filets avec une agilité confondante. La découpe du poisson se fait à l'aide de grands sabres ; ça sent l'eau de mer, la marée, tout sauf le poisson. Ce matin-là, un thon gras avait trouvé preneur contre vingt-cinq mille euros. Un culte voué au thon qui dépasse l'entendement. J'ai vu des pêcheurs dans la baie de Tokyo qui travaillaient dans la fumée du moteur se mêlant aux remous de l'hélice. Je me suis dit : jamais je ne mangerai de leurs poissons !

Erreur : le port de Tokyo est propre, l'eau est transparente : une eau d'aquarium.

Jamais eu la sensation d'un monde si différent du mien. Ce pays hiérarchisé a colonisé ses voisins avec une brutalité effrayante. Ce n'est pas à soixante-quatre ans que le Japon montera en moi par capillarité. La coupure est nette. Il y avait à bord de *Geronimo* un équipier japonais, très courageux, mais complètement dépassé car plein d'incompréhension pour notre mode de fonctionnement.

Toutes les belles âmes européennes ont tenté de cerner l'Asie, sa profondeur. J'ai voulu relire Garnier, la conquête de l'Indochine, du Laos, du Vietnam, de la Cochinchine, avant mon départ vers l'Asie. Le « Garnier » est un outil merveilleux. Il dit aussi que l'Européen peut se blesser au contact de l'Asie. J'y ai laissé ma compréhension.

Hong-Kong

La mer est le jardin de Hong-Kong. Du large, des collines très douces. On pourrait même être à Botany Bay, en Australie, car ces endroits du large sont assez cousins. L'arrivée sur Hong-Kong ? On dirait une arrivée sur la Nouvelle-Calédonie à la différence près que ça grouille sur l'eau. Enfin, se dit-on, la porte de la Chine ! Tout est simple, facile. Évident. Inouï de facilité.

Je reste surtout à jamais marqué par le Yacht-Club de Hong-Kong : mille deux cents membres et trois cents domestiques. Le téléphone portable y est interdit. Il y a de vieux Anglais un peu frappés qui échangent des toasts comme ils trinquaient à la gloire de l'Empire trente ans plus tôt.

Pour eux, tout cela sonne comme la fin de l'aventure de la race blanche dans cette Asie qui sera leur tombeau. Ils n'ont jamais tourné la page, n'ont jamais vraiment fait le deuil d'une Couronne qui s'est abîmée. C'est le vieil HK. Il y a là le souvenir d'un monde victorien qui a sombré et qu'ils contemplent au fond de leurs verres. Ils finissent là comme attirés par le grésillement de la boulette d'opium. Il faut dire que le gin l'a avantageusement remplacée. Ils ne le boivent pas : ils l'aspirent, le glougloutent dans un bruit de carburateur d'essence. Ils ont connu Shanghai, les shorts kaki et les combats à l'épée de Tolède, les actualités au cinéma et les après-midi de golf. Tout cela devait avoir un charme fou. Ils avaient foi dans la livre sterling et le *british steel*. Ils se moquent de savoir si l'histoire leur a donné raison. Ils mourront droits comme des I dans les vapeurs d'alcool de grain, la main sur la hampe de l'Union Jack.

Le Mékong – Le Cambodge

Je suis issu d'une génération qui a rêvé de grands espaces. Remonter le Mékong fut un cadeau. Je l'ai remonté avec Yves Pouillaude, mon second. On tombait nez à nez avec des Cambodgiens qui faisaient leur marché avec un lance-roquettes, les roquettes dans un carquois, comme les Indiens d'Amérique. C'est une époque où je cherchais le silence. Je peux dire que j'ai été servi ! Mon rêve absolu, c'est d'ouvrir les fenêtres et qu'il n'y ait personne à deux kilomètres à la ronde. Un rêve de Robinson, pourrait-on dire. Impossible en Asie, à moins de partir pour trois jours de jungle. Il y a toujours « quelqu'un ». Cela écrit, j'ai adoré le Cambodge et connu l'illumination de la remontée du Mékong. J'ai vu un Cambodge saigné à blanc mais aussi préservé de la vulgarité de notre civilisation. Les gens étaient vêtus simplement : des toiles taillées par eux. C'était comme l'après-guerre en Bretagne : les hommes portaient des chemises kaki teintes en noir, des chapeaux et pas ces casquettes américaines que le monde entier porte de cent manières différentes. Tout était bricolé dans ce Cambodge. Les femmes avaient une silhouette reconnaissable entre toutes les silhouettes du monde. Habillées avec les restes de la guerre, et comme c'étaient « les restes », elles les accommodaient avec leur propre génie. Qu'ai-je vu ? Un pays ensanglanté par trente ans de guerre, mis au supplice par les Khmers rouges. Un pays silencieux, et ce silence était terrifiant. Mais l'homme n'est jamais seul pour autant.

Je me suis rendu compte que l'individu solitaire que je suis est encore plus suspect dans le monde asiatique que dans le monde anglo-saxon. J'ai acquis au Cambodge la conviction que je serai seul au moment où je passerai. C'est tout à fait à l'opposé de tout ce que nous avons recherché toute notre vie : la présence de l'autre, son regard compassionnel. Ce pays écrasé par la bêtise et le crime m'a plongé dans ma propre solitude.

Comment trouver notre équilibre dans ce Cambodge si déséquilibrant ? Il n'y a qu'à travers le cinéma qu'on arrive à capter les codes. C'est la seule grammaire commune entre les peuples. Au Cambodge, j'ai eu l'impression que même la grammaire avait été massacrée par les Khmers rouges.

La Grande-Bretagne et les Amériques

La civilisation anglaise

Les Anglais que j'ai rencontrés dans les années soixante-dix étaient souvent dans le principe d'action. Trente ans plus tard, mon avis sur eux n'a pas changé. Ils possèdent une âme qui jamais ne se livre ni s'étale. Un dévouement au devoir, le service fait au royaume, à son pays, à la reine, mais pas forcément à son prochain.

L'Anglais restera le maître de la dispense. L'empreinte laissée par l'Angleterre a été absorbée par le grand buvard du monde. C'est une île qui est allée chercher son bien ailleurs parce que le monde insulaire était un monde rude, aux classes bien marquées, excessivement naturaliste et déjà surindustrialisé. Le fait d'habiter une île a conduit chaque Anglais à prendre un jour le bateau. Pendant cinq siècles, les marins anglais ont été les maîtres des mers. C'était un besoin vital, et puis dès qu'on prend la mer, le monde n'a plus de limites.

Pas un animal n'a manqué à l'Empire. Ils furent tous un jour dans son grand zoo. Le léopard était anglais. L'ornithorynque, avant d'être un mammifère qui pond des œufs, était anglais. Comme le boxer à poil dur.

Les Anglais ont légué leur langue au monde. Le seul acte gracieux à mettre à leur crédit. Ensuite, ils ont fait croire au monde entier ce qui était chic et ce qui ne l'était pas. Saluons bien bas ce tour de force !

Montesquieu plaçait très haut l'Angleterre : « Le pays de la liberté de conscience et du commerce. » Mais moi, la mode de l'anglophilie ne m'a jamais touché malgré une proximité géographique.

Pour les avoir côtoyés sur mer comme à terre, je peux témoigner que les Anglais n'ont jamais cédé aux coutumes locales.

Nous, Français, quand on envoyait un gouverneur en Polynésie, il quittait la métropole en uniforme sur lequel ne manquait pas un bouton. Puis rentrait en métropole en paréo. Eux envoyaient leur gouverneur à Fidji, droit comme la justice. Quand le gouverneur quittait le Pacifique, la moitié de Fidji s'habillait comme lui. C'est toute la différence entre eux et nous.

Ils n'ont jamais cédé. Cela dit, ils n'ont pas triché sur ce point car ils ont toujours affirmé être des corps étrangers dans les pays conquis. Quant aux Portugais, eux, ils se sont mariés et ont fait des enfants au Brésil, au Mozambique, en Angola, à Macao, etc. Les Anglais ne se sont mariés nulle part. Les Latins ont épousé et enfanté, les Anglais jamais.

Sitôt arrivés aux Indes, au Moyen-Orient, en Asie, en Océanie, les Anglais ont présenté un style qu'il était de bon ton de copier. On leur doit l'expression « Wog », *white oriental gentleman*, qui est restée. Les journalistes anglais ne m'ont jamais interrogé qu'en anglais alors que certains parlaient un français parfait.

Les Anglais sont des colonialistes mais, contrairement aux Français, ne sont pas entêtés. Ils se sont imposés au monde grâce à cette sorte d'imperméabilité qui m'a toujours impressionné. Ils ont pénétré le monde et le monde a glissé sur eux comme l'eau sur les plumes du canard.

Faire du commerce pour l'aristocratie anglaise n'a jamais été quelque chose de dégradant. En France, c'était tout le contraire. En conséquence de quoi, les Anglais ont gardé le pouvoir et l'argent. Nos voisins savent parfaitement ce que c'est que d'avoir les mêmes pratiques depuis des siècles. La règle était de ne pas se mélanger. On restait dans son monde. On faisait partie de son club, on se saoulait, mais en gardant son quant-à-soi. Il y a là une prodigieuse culture de caste qui doit tenir depuis la bataille d'Hastings.

Le latin a été longtemps la langue commune aux Anglais et aux Français. Quand ils se rencontraient en cottes de mailles, c'est en latin qu'ils échangeaient à grands coups de masse.

La marine n'étant plus le seul moyen de faire du commerce, les Anglais l'ont abandonnée comme une vieille chaussette. De même qu'ils ont abandonné leur suprématie sportive. Aujourd'hui, les marins suisses brillent en régate et au large.

Mais la domination des Anglais reste car leur langue régit le monde du commerce électronique. Cette période a moins d'éclat que la précédente. Une bourgeoisie d'affaires chassant l'autre grâce à l'enchaînement des doctrines capitalistes.

Je me souviens de l'achat de *Kriter*. Je me rends en 1975 sur le chantier dans le Dorset. Le patron du chantier me dit, pince-sans-rire : « Vous savez, Olivier, les Anglais ont une mentalité de boutiquier. » Je le regarde, un peu interdit de ce portrait qu'il me fait de ses compatriotes. Je signe le chèque et m'aperçois qu'au prix déjà conséquent s'ajoutent trois communications téléphoniques. Elles m'avaient été facturées. J'ai souri et mieux saisi ce que le patron m'avait dit par « mentalité de boutiquier ». Je venais de signer un chèque d'un million et demi de francs.

Il est impossible de mouiller en Angleterre sans qu'un type dans sa barque ne passe dix minutes plus tard pour prélever une taxe. La gratuité n'existe pas. C'est assez déroutant pour les Latins. L'Angleterre, c'est ce mélange de grandes familles et de petites gens à la Dickens. L'Angleterre fabrique des fortunes plus vite qu'on ne monte des œufs en neige. Ce pays est aussi la fabrique mondiale des grands excentriques et des grands auteurs à l'humour froid qui ont sur leur propre pays un regard d'une grande férocité. Evelyn Waugh reste un maître en la matière.

Londres a été pour le monde ce que Rome fut pour la Méditerranée. Et le grand livre de comptes du monde, c'est toujours Londres qui le possède.

Quand les Argentins ont envahi les Malouines, le lendemain, la guerre était déclarée. Maggie a fait donner les Gurkhas, cette troupe d'élite, ces coupeurs d'oreilles malais. J'ai le souvenir qu'en France, où l'on fredonnait trois airs de tango, on pensait que l'Argentine allait remettre les Anglais à la mer sitôt débarqués. Méconnaissance ou oubli total du fonctionnement des Anglais. Il y a huit ans, j'ai croisé au large des Malouines. Un froid terrible. Qui était sur l'eau ? Leurs fameux commandos de marine qui s'entraînaient de nuit à bord d'embarcations rapides. Si on peut dire qu'une guerre a des vertus, mais j'en doute, on dira que la guerre des Malouines a fait tomber le régime des généraux. On dira que c'est toujours ça de pris.

J'ai toujours aimé cette grande liberté de ton chez les Anglais. Ils ne se poussent pas du col et font ce qu'ils disent. Ne sont pas agités comme nous pouvons l'être. Ils ne doutent jamais de leur légitimité. Ne sont pas inquiets. Le monde bouge ? Pas eux. Pourquoi bougeraient-ils ? L'Europe fait de l'aérobic sous leurs yeux depuis Jean Monnet. Eux, ils regardent, impassibles, la pipe au bec avec le bulldog qui dort au coin du feu. Un monde pragmatique et froid. Qu'ai-je à gagner ? Où sera mon profit ? Combien cela me coûtera ? Les attentats de Londres les ont atteints car ils pensaient que leurs grandes libertés devaient les préserver du fanatisme. Sonnés et inquiets comme jamais, mais fidèles à eux-mêmes : ne cédant pas.

Un principe intangible malgré les moqueries : on ne joue pas la Couronne ! On ne négocie pas. Mohamed al-Fayed cherche depuis quinze ans à avoir un passeport britannique alors qu'il est propriétaire de Harrods. Quand le voyageur continental atterrit en Australie, il a devant lui deux files dans le couloir émigration : la file « british » et la « non british ». C'est un détail qui divise définitivement le monde en deux quartiers d'orange. Londres est une capitale qui se remplit comme une outre de millionnaires chaque jour. On dirait qu'elle a touché le coupon des mines d'or, comme si ces fortunes russes, indiennes, pakistanaises se jetaient à l'abordage de l'Angleterre.

Après avoir aspiré les richesses du monde, elle aspire les milliardaires ukrainiens et nos artistes de variétés qui trouvent une fiscalité plus douce. L'Angleterre, c'est le goût du concret et des vérités dites. Qui choquent-elles ? Personne. Car l'Angleterre est réaliste.

Le pays de John Bull, de la bière tiède, des poneys et de l'autodérision, ne gouverne plus le monde comme en 1829, époque de la révolution industrielle, mais reste une citadelle morale imprenable. Il reste ancré chez les Anglais un dédain pour tout ce qui n'est pas britannique qui m'impressionne.

Ils ne se soumettent pas à l'examen de conscience. Ils n'en éprouvent pas le besoin. Ils ont déjà cette lucidité mordante sur eux-mêmes. Ils ramènent tout à leur propre mesure.

Pas de réalisme psychologique chez eux. C'est bon pour les psychanalyses qu'ils ont tous eues un jour ou l'autre en pension.

L'Anglais, en quittant son île, a transporté avec lui son style net et précis. De retour chez lui, il a laissé sur place ses rêveries, si tant est qu'un jour l'Anglais ait rêvé. Sa doctrine : je prends mais je ne rends jamais tout à fait. Un exemple ? Dans la Caraïbe, les différences entre les îles anglaises et les îles françaises sautent aux yeux. Je ne prétends pas que tout est parfait dans les îles françaises mais les routes sont entretenues, les hôpitaux fonctionnent et il existe une prise en charge des plus démunis. Quand la canne à sucre n'a plus rapporté suffisamment aux Anglais, ces derniers sont partis, laissant ces îles conquises par eux à leur abandon.

X est une zone de non-droit, une île où règne la violence. Dès que ce n'est plus exploitable, l'Anglais s'en détourne. Il ne pense pas à mal : il pense différemment. Ensuite, il ne comprend rien aux soulèvements. Ne parlons pas des révolutions. Il les juge attristantes. Les Anglais que j'ai connus croyaient sincèrement qu'ils avaient apporté la liberté de l'Empire aux conquis et que c'était à eux désormais de la maintenir. Les Français n'étaient pas éloignés de cette idée mais avaient pour les territoires de l'Empire un attachement lyrique, chose incongrue pour un Anglais.

L'Anglais a tenu les plus grands comptoirs à épices pendant deux siècles mais ne se sentit plus comptable de quoi ce soit dès lors qu'il eut bouclé sa grande malle et embarqué dans le vapeur pour Londres.

Les Français sont encore guidés par une charité évangélique et une passion héroïque. C'est pour cela que les Anglais nous ont pris pour des enfants pendant si longtemps. Nigauds en fait conviendrait mieux.

Et puis je crois surtout qu'ils n'avaient pas d'idées à exporter. Pas du tout éclairés par l'esprit de mission. Les idées de 1789, les Lumières, Jules Ferry. Eux ? Rien à faire de ces théories. Nous, en revanche, toujours prompts à nous enfiévrer, à vouloir apporter nos lumières aux aveugles. Les Anglais ont toujours su distinguer la vérité de la passion. Nous, toujours candides dans nos erreurs, véhéments et ombrageux. C'est à croire qu'ils n'avaient pas tellement d'idées à exporter dans leur conquête des Indes. Ils sont quand même arrivés à détruire tous les métiers à tisser pour tenir cette conquête dans un état de dépendance. Extraordinaire ! Comme il n'y avait pas de liens, ce fut d'autant plus facile d'abandonner ces peuples.

Nous, Français, avons colonisé comme on a évangélisé : pour construire un lien. Eux, ils ont colonisé dans un but de captation qu'ils n'ont jamais caché. Nous, si. Ils ont ensuite abdiqué leur pouvoir colonial plus vite que nous. Et d'ailleurs, souvent mieux que nous. Je me demande si ce n'était pas avec la certitude orgueilleuse de reproduire soixante ans plus tard leur pouvoir insulaire en faisant de Londres la capitale financière du monde car Londres fut la place forte de tous les commerces.

Et nous ? On n'avait rien d'autre que notre fameux évangile républicain. Nous, on avait pour mission d'amener une lumière au monde. Les Anglais, eux, n'avaient aucune mission à amener, aucune lumière à amener au monde. Qu'est-ce qu'on va pouvoir acheter ? Qu'est-ce qu'on va pouvoir vendre ? Ça s'arrêtait là. Il n'a jamais été question d'autre chose. J'étais présent à l'indépendance de Fidji. Le prince Charles, en costume de grand apparat, était venu couper le lien. C'était l'indépendance de Fidji. Ces îliens n'appartenaient plus à « je-ne-sais-pas-quoi », à une poussière de l'Empire. Je me souviens d'une cérémonie toute simple. La patrie du traveller's chèque et de l'*Habeas Corpus* donnait son indépendance aux Fidji.

Il est impossible de comprendre le monde si on ignore la monarchie parlementaire.

Le problème, c'est que nous, le pouvoir, lundi, c'est Marcel, mardi, c'est Dédé… jeudi, c'est Léon. Bah, on s'y est fait. Il y a chez nous Français une naïveté presque intentionnelle dans ces à-coups gouvernementaux. Les Anglais diront de nous, avec cette gentillesse qui cache une vacherie, que nous avons gardé une image de sincérité et de fraîcheur « forgée par nos successives républiques ». Il y a chez les Anglais une métrique impitoyable. Nous, c'est le vers libre, c'est pour cela que notre voisin nous range chez les romantiques. L'Anglais croit autant en lui-même qu'il croit en Dieu. Nous, on croit aux belles âmes, à la psychologie, à Emma Bovary. Difficile de lutter contre ce voisin qui a inventé le double caméralisme et les coffres-forts, a publié Karl Marx et donné naissance aux Sex Pistols.

Pendant des années, quand un homme avait de l'aisance en Argentine ou au Brésil, il donnait son linge à faire blanchir à Londres. De fait, les Anglais ont entraîné le monde entier dans cette pratique domestique un peu étrange et hygiéniquement discutable. Le monde entier a suivi et fait sa lessive à Londres. Rien n'a changé puisque les Russes lavent leur linge à Hyde Park aujourd'hui.

Mais il y a toujours un moment où l'îlien rentrera, même s'il a fait souche à Sarlat ou à Kingston.

Surtout que, comme tous les îliens, il y a un attachement à l'île profond, un attachement viscéral. Il tend à s'atténuer depuis une dizaine d'années par la hausse vertigineuse du foncier en Angleterre. En revanche, on voit très peu de gens abandonner leur citoyenneté britannique. Alors qu'il est assez commun qu'un Français abandonne la sienne.

Les Britanniques restent britanniques. Partout, ils ont collé leurs pratiques.

La présence missionnaire en Nouvelle-Calédonie a pour conséquence qu'aujourd'hui encore les femmes continuent à jouer au cricket. C'est navrant que leur gouvernement ait interdit la chasse à courre. C'est quand même le pays de la vénerie : tout ça pour sauver le renard, eux qui ont tellement chassé le rhinocéros blanc en brousse, accompagnés par des laquais emperruqués. On mettrait cela sur le compte d'un assouplissement coupable de leur part ? Cela ne leur ressemblerait vraiment pas.

J'ai une tendresse pour toutes les Amériques et pour les États-Unis en particulier. Pourtant, l'Amérique est devenue en quelques années le pays « arriéré » du Pacifique. Le grand pays que l'Asie va définitivement dépasser dans dix ans, qui ne sera qu'un personnage secondaire du roman du XXIe siècle, et que chacun en France se plaît tellement à détester.

J'ai eu envie en 2004 d'emmener l'équipage de *Geronimo* en Californie, en Polynésie et en Australie. Il s'agissait également pour moi de retourner sur les traces laissées par *Pen Duick IV*. Que l'histoire initiée ne s'arrête jamais. J'avais une envie forte de retrouver ces mondes pacifiques, de renouer avec cet enchantement que j'avais connu quarante ans plus tôt.

Je n'ai pas entrepris cette navigation pour inviter mon équipage à revisiter mes propres souvenirs. J'ai voulu que les hommes soient autour de moi parce que c'était un parcours gratifiant, j'ai voulu leur faire partager ces plaisirs.

Après coup, je me suis vu comme le type qui vole un nain de jardin et qui ramène à ses connaissances des photos de son voyage : moi, au dernier étage de l'hôtel Peninsula de Hong-Kong, moi, en équilibre sur la voûte de l'Opéra de Sydney, moi, faisant du rappel sur le Golden Gate de San Francisco. Je trouvais cette idée amusante car elle résumait bien cette époque intense et insouciante. Ce n'était pas une façon de s'émouvoir de nos souvenirs héroïques mais une manière de chanter les beautés de ce monde que j'ai aimé. L'arrivée sur San Francisco, finalement, est un peu semblable à l'arrivée à La Trinité-sur-Mer. Pourquoi cette comparaison ?

Parce qu'il y a des endroits où brutalement je me sens bien et, pourtant, je sais que je vais y passer peu de temps. Mais est venu le moment de poser son sac. Le temps est venu de s'arrêter.

San Francisco a été un moment de grâce dans ma vie. D'abord, en arrivant, on est saisi par une fraîcheur à laquelle le voyageur ne s'attend pas car la Californie brûle comme un réchaud à gaz. C'est comme si l'air chaud pulsé du Nevada perdait peu à peu de sa puissance dans les vignes au-dessus des lacets de Big Sur, ce gros godillot rocheux qui trempe ses arpions dans l'eau glacée du Pacifique. On sent ensuite dans le cou ce serpentin d'air chaud qui va cogner contre la plus belle vitrine du Pacifique : San Francisco. Ce qui frappe, c'est cette légèreté de l'air. Un air sans beaucoup d'humidité en journée.

Lorsque nous nous sommes attaqués au record Los Angeles-Honolulu sur *Geronimo*, nous avons marché à cinq nœuds de moyenne les douze premières heures. Puis le vent d'est s'est levé, un vent chaud qui venait par-dessus la mer froide. Il n'y avait que le haut de la grand-voile qui « travaillait », juste au-dessus des trente mètres. On aurait dit un tapis volant de vent chaud sur une mer glaciale.

J'avais une envie très intense de retourner quarante ans après avec mon bateau sur ces lieux qui avaient été si plaisants pour moi. Et donc de rentrer dans la baie à la voile quarante ans après *Pen Duick IV*. À l'époque, nous étions deux à bord : Colas et moi. Pas de cartes, pas d'électricité, pas de feux : rien. On avait débarqué Éric à San Diego afin qu'il prépare son bateau pour le record San Francisco-Tokyo. Colas et moi n'avions pas un rond devant nous, juste une carte routière de la Californie. Nous sommes rentrés de nuit à Morro Bay à bord de *Pen Duick IV*, le premier trimaran digne de ce nom.

Presque quarante ans plus tard, à la barre de *Geronimo*, qui venait de s'approprier le record de l'Australie et le record très disputé de Los Angeles-Honolulu, nous rentrions dans cette même baie. J'étais dans cette trace de l'histoire, dans le lignage direct de ceux qui m'avaient fait battre le cœur à vingt ans. Je voyais dans les yeux de l'équipage le même enthousiasme. J'ai voulu leur transmettre ce qui m'avait été donné quarante ans plus tôt.

Content et ému de refaire ensuite ce parcours Los Angeles-Honolulu. Je revisitais ma carrière aventurière. Même si ces routes du Pacifique ne sont plus neuves pour nous, cette baie a toujours une allure folle. Le problème de *Geronimo*, c'est qu'il est presque trop grand pour la baie. À peine le temps de la traverser qu'il faut virer.

Il y a à San Francisco un charme qui n'est pas abîmé. Tout a été écrit sur les pointes rouges du Golden Gate qui dépassent de la brume. Mais ça sent toujours la dinguerie de l'époque, les excès et la fantaisie de la fin des années soixante. Il reste tout cela à Fisherman's Wharf et ses restaurants de poissons. Quand la brume tombe sur cette baie, il y a là une dilatation romantique incomparable. J'y suis souvent retourné et, à chaque fois, j'ai ressenti cette époque triomphale de la ruée vers l'or. La vie n'a pas étouffé la mémoire du lieu.

Ces témoignages existent toujours. Je sens qu'il s'est passé ici un moment important dans l'histoire du continent. Ces docks sont les traces visibles de cette histoire américaine. Je suis sensible à ces marques que le temps a laissées. C'est la persistance de ce même décor qui me bouleverse. San Francisco a gardé les antécédents de cette période.

Il y a là évidemment un théâtre touristique, moi qui n'y suis d'ordinaire pas sensible, qui ne gêne aucunement la perception de cette conscience historique. C'est parfait : la traduction est conforme au texte que j'ai connu il y a quarante ans. Tous ces *piers* en bois qui verdissent sont les mêmes où j'ai amarré *Pen Duick*. L'endroit sent, respire le large et le monde d'en face : l'Asie.

Il faut dire qu'un port me parlera plus qu'une ville. Paris ? Tout est très beau, rangé par Haussmann, mais la ville ne me procurera pas une émotion comme une ville portuaire. San Francisco : ses collines, ses maisons victoriennes. Toute cette géographie est immuable. C'est comme le goulet de Brest. C'est par ce même goulet que sont passés La Pérouse et Bougainville.

Ces endroits m'émeuvent, comme Monterrey, et sa digue faite de traverses de chemin de fer, et ses éléphants de mer posés sur les rochers du port comme la petite sirène d'Andersen. Nous sommes en ville et les éléphants de mer plongent dans les viscères que jettent les bateaux à leur retour de la pêche.

La trace que j'ai laissée là-bas est fraîche pourtant, c'était il y a quarante ans. C'est à San Francisco que j'ai appris l'anglais, sur les docks. J'ai fait éboueur et pris du grade pour finir conducteur de camion-poubelle. J'avais vingt-trois ans. Comme ouvrier, je gagnais de quoi me payer une liquette et un jean par semaine et de quoi manger deux repas chauds par jour. J'avais l'impression de détenir un pouvoir d'achat colossal. Un armateur m'avait ensuite embauché pour « faire des vernis » sur un vieux gréement. On me payait cinq dollars de l'heure. J'étais heureux. J'ai vu l'Amérique dans ce qu'elle a de meilleur.

Je me souviens d'un Irlandais débrouillard, très déjanté et très amical, qui bossait sur les docks. J'ai appris plus tard, de sa bouche même, qu'il était le fils de Johnny Weissmuller. Il avait été pilote d'avion dans une autre vie. Pour l'heure, le fils de Tarzan était docker, comme moi. Démerdard, il faisait tomber des conteneurs sur la tranche dont les contenus, devenus impropres à la vente, pouvaient être récupérés pour le marché noir. Il a ensuite couru avec nous à bord de *Pen Duick*. Ses parents avaient connu l'opulence, Hollywood, la gloire, la déchéance et le drame de l'oubli. Pour nous, ce type était un choc, un morceau de légende qui faisait son marché dans des cartons éventrés. On avait pour lui l'inquiétude d'une destinée brisée. Mais lui n'avait qu'une aspiration : naviguer.

Les idées de ce garçon étaient vastes comme ce pays. Et elles nous enchantaient, nous les petits Européens, nous qui avions fait du vélo sous la présidence de René Coty.

Chez les Américains, aucune adoration du moi. Cela nous changeait de l'Europe. Chacun choisissait la voie dans laquelle il allait engager tous ses efforts.

Toute l'énergie de la Californie fusait en idées et en rêves. Quarante ans plus tard, rien n'a changé. Ce pays n'attend pas dans son coin qu'on lui offre le monde : il va le chercher et le pétrit.

Du côté de Tiburon, j'ai encore dans l'oreille les trois tons des cornes de brume. Et que dire de Sausalito, au pied du Golden Gate, sur la rive opposée à San Francisco ? La ville s'est embourgeoisée mais il reste cette atmosphère de légende. Je me souviens, jeune homme, que les hippies étaient très accueillants et aussi très tactiles. Disons que je mettais ça sur le compte de la marijuana. Curieusement, j'ai toujours considéré tout ce cérémonial du joint avec une haute suspicion. Pas du tout tenté par l'herbe mais plutôt par les filles totalement nues sous leur robe à fleurs. Ces gens étaient des épicuriens un peu mélancoliques. C'était l'époque de l'anti-société de consommation et de la guerre du Vietnam. Il y avait une foi étonnante dans ces jeunes gens. Cette culture-là demeure toujours au croisement de Haight-Ashbury. Ce n'est plus évidemment le Summer of Love de 1967 et les débuts de la presse underground. Il y a aujourd'hui un folklore commercial évident mais c'est comme si ce fond contestataire semblait encore intact entre un Gap et le marchand de glaces bobo Ben & Jerry. J'ai aimé cette Amérique-là.

Elle avait une confiance folle en elle-même et ses enfants. Une Amérique ouverte et du travail pour tous. Du boulot de manœuvre mais sans jamais ressentir l'humiliation du manœuvre comme chez nous : car chaque Américain a été manœuvre une fois dans sa vie, pompiste ou plongeur dans une chaîne de restaurant. Je suis de ceux qui pensent que l'Amérique a été mal traitée.

Je ne pense pas qu'un seul pays ait donné autant de lui-même au monde durant ces soixante dernières années. S'ils ont colonisé, comploté, renversé, ils ont aussi énormément apporté en intelligence et perspicacité. Ce pays ne mérite certainement pas l'indignité qui lui est généralement faite.

Jeune homme, je me souviens d'avoir été frappé lors d'un séjour en Espagne par le nombre de plaques de cuivre au pied des phares : « Don du peuple américain au peuple espagnol ». Les hippies de Formentera dans les années soixante-dix ont roulé des joints en criant à bas l'impérialisme tout en s'abritant du vent sous le phare de la Mola. Me vient à l'esprit le vers de René Char : « Pourquoi me détestes-tu tant alors que je ne t'ai pourtant jamais rendu service ? » J'ai parfois l'impression que l'Amérique ne sait pas exprimer ce qu'elle fait de beau. À tel point que si un type est élu par les Américains, ça ne peut être qu'un imbécile complet. On regarde les Américains avec un mépris et une condescendance assez écœurants.

J'ai connu et couvert comme photographe les émeutes à Berkeley. J'ai aussi, et pour la première fois, gagné de l'argent rapidement. Puis tout dépensé. Je suis assez rapidement rentré en France. À l'époque, on atterrissait à Orly. On prenait l'autoroute goudronnée de frais pour rentrer sur Paris. Je rentrais à *Match*, qui tirait alors près d'un million d'exemplaires, alors que j'allais être publié par *Life*, qui tirait, lui, à sept millions chaque semaine. Cette vie en Amérique m'a fait un bien fou et les ploucs n'étaient pas forcément les Américains de la côte Ouest.

Cette vie américaine m'a ouvert les yeux sur la suffisance des Européens. À La Trinité-sur-Mer, le vice-président du Crédit Lyonnais de Vannes se prenait pour le président de la réserve fédérale. Un choc terrible à mon retour quand j'entendais les sornettes débitées par ce type.

Après toutes ces années passées sur l'eau, ce qui me chagrine, c'est le peu d'intérêt que portent les Américains à nos multicoques. C'est comme s'ils étaient complètement hermétiques à ces bateaux fabuleux.

J'ai toujours été frappé par la relative pauvreté des flottes de plaisance tant à San Diego qu'à Hawaï.

New York

Mouiller au pied de Manhattan, c'est passer d'un monde horizontal à un monde vertical.

La nuit, je revoyais les fantômes de l'émigration, tous ces gens débarquant de ces paquebots venus du vieux continent, hagards et mal vêtus. Femmes et enfants qui venaient ici pour une nouvelle vie. On ressent tout cela très bien sur ces quais. Souvent, je me pose la question : qu'est-ce que c'est que la souffrance de ne jamais revenir ?

Mais je crois que, en prenant de l'âge, c'est un peu comme ce carnet d'adresses où il y a le nom des copains et leur téléphone : je sais que je ne pourrai plus jamais joindre certains et, pourtant, je n'ai pas le courage de les rayer moi-même alors que la vie les a rayés. Ces Juifs polonais qui remontaient l'Hudson eux aussi avaient laissé derrière eux leur carnet d'adresses.

New York est un endroit qui hurle. Comme Saint-Pierre de Rome à quatre heures du matin quand la place est complètement déserte au mois de juin, juste avant que le jour se lève.

C'est tous les hurlements du monde que j'entends quand je débarque à New York. Ce sont les cris des fantômes en train de gueuler dans les cales des paquebots. Ce sont ces mondes-là qui me bouleversent, m'imprègnent de l'envie de m'arrêter pour écouter, pour écouter le temps, les offenses faites et les peines endurées.

Je les entends sangloter. Je sens l'angoisse de ces migrants. Dans un instant, c'est la fin de la traversée. Les aussières se tendent. C'est la fin de leurs souffrances, et puis tout ce qui va pouvoir être créé, tous ces endroits qui sont promis à l'autre… C'est la promesse d'un monde qui ne sera pas escamoté, la roue de la fortune, les cornes d'abondance, mais en cas d'échec : la chute dans un autre abîme !

Je pense au petit Sicilien fraîchement débarqué avec ses rêves dans ce Manhattan découvert par le Toscan Verrazano et qui fut ensuite ville « hollandaise », où le premier commerce fut celui des peaux de loutre. C'est ce regard que ces migrants ont porté sur le futur en ayant coupé avec leurs attaches. Je les vois jeter un dernier coup d'œil au large, vers ces pays où l'on marie les jeunes femmes sans leur demander leur avis, où des gens furent maudits pour leur religion.

Tout à coup, la ligne de vie va changer et chaque partie du visage, le moindre geste des mains, la couleur du costume, va prendre une importance considérable. Chacun conserve l'espoir de l'eldorado. Chaque pays est une promesse. New York fut la plus immense de toutes ces promesses. Mais gare, car voici que s'ouvre l'univers de la cotation ! Quelle sera ma valeur ? La rencontre avec un pays, ce n'est jamais innocent, c'est comme si vous voyiez au bout d'un chemin, à un kilomètre de distance, une silhouette qui s'avance. D'abord, on voit une ombre et ensuite se découpe la silhouette définitive de New York.

Il va falloir attendre souvent une vingtaine d'heures pour que le pays imprègne celui qui vient de mettre sac à terre. Par la mer, c'est le migrant qui va vers le pays avec détermination.

New York, cette ville de tolérance aux minorités. La ville vibrante, la ville de l'entrebâillement du monde et, juste derrière, toutes les portes du continent ! La ville des explorateurs, des vagabonds, des banquiers, des tailleurs, des bookmakers et des cireurs de godasses. La ville de toutes les résonances du monde. La ville où s'expriment toutes les énergies de toutes les races qui se concentrent dans un même sentiment national.

La Colombie

Stevenson a parcouru les Cévennes à dos d'âne. Moi, j'ai juste touché le littoral colombien sur *Pen Duick IV*, une belle monture. L'architecture fortifiée et tropicale de Carthagène avait été mordue par la tiédeur tropicale. Du haut des balcons en fer forgé que l'on devinait piqués de rouille, des femmes splendides nous regardaient. Un moment exquis et fugace. Je me souviens d'une moiteur, celle qui fait battre fort les artères. Je me souviens des marchands de billets de loterie, l'odeur d'amandes grillées et la TSF crachotant une rumba. C'était encore une Colombie très sous-développée, mais pas celle des sicaires en moto et du culte d'Escobar ; ça me rappelait l'Espagne découverte avec mes parents. Pas un yacht ne mouillait dans cet endroit du monde. Rien que des pirogues à voiles avec des trous énormes dans les bouts de tissu. Mi-canot mi-pirogue, avec un rapport de voilure étonnant. Pas un souffle d'air mais le tout avançait avec juste un nœud de vent. Nous étions maigres et rieurs malgré la présence de douaniers colombiens. Des douaniers gras et velus, tout droit sortis de *Tintin* : le ceinturon qui craque sous la pression du ventre, les bottes vernies qui brillent au soleil et le type qui s'éponge le cou. Puis étale un gros mouchoir, grand comme une serviette de table, pour asseoir son gros derrière dans le cockpit du bateau.

Je me souviens qu'il l'avait trouvé très sale alors que lavé par la mer depuis quinze jours. Puis arrive le grand moment tant redouté : la présentation des papiers ! Le type ne dispose évidemment que d'un formulaire pour… cargos. Mais dans quelle case rentrer un trimaran de vingt mètres en aluminium marchant à la voile ?

Le douanier soulève sa casquette, se gratte la tête. Silence très lourd à bord. Puis une irrésistible crise de fou rire nous gagne, car Éric, qui ne parlait pas un mot d'espagnol, commençait à trouver que les choses avaient assez duré. Je devins alors pour le gros homme le traducteur du bord qui volontairement se trompait dans la traduction et rendit cette visite douanière totalement délirante, et très irritante pour Éric qui ne comprenait rien aux questions pataphysiques de ce fonctionnaire dégoulinant de sueur. N'y suis jamais retourné depuis. Il me reste de la Colombie le souvenir d'Éric perdant son flegme devant ce douanier.

Le Brésil

Naviguer entre São Luis et Recife peut être périlleux. Il n'y a pas d'abris. De longues côtes de sable de mille kilomètres. Quand on descend vers le sud, on longe Salvador de Bahia et puis Rio. C'est de la navigation paisible. Un alizé souffle nord-est ou est-sud-est et en général pas trop fort dans cette partie de l'Atlantique. J'ai remonté cette partie. Sur *Pen Duick III*, on mettait les lignes à l'eau au lever du jour. On était six à bord. Entre le lever du jour et neuf heures, on avait pris de quoi manger pour la journée. C'était des heures délicieuses. On s'était arrêtés à l'île du Diable à l'époque où ce n'était pas encore devenu un musée. Il n'y avait absolument personne. Il y avait encore toutes les peintures dans la chapelle. On avait envie de tout voler mais en même temps chacun se disait : quel sacrilège ! Pas de gardien évidemment. On a erré comme des ados. On s'est assis à tour de rôle sur le banc d'Alfred Dreyfus. C'est drôle comme l'histoire se cogne parfois : je me suis assis sur le même banc que le capitaine à Port-Haliguen, là où il fut embarqué pour le bagne.

Le Chili

J'ai vécu une petite semaine à Santiago en novembre 1970 au moment de l'élection d'Allende. J'arrivais de l'île de Pâques, où j'avais passé un mois et demi à faire des photos pour un bouquin sur les mille habitants de l'île aux géants de pierre, et je me retrouve dans un pays en grande ébullition politique et sociale avec les troupes qui défilent en ville au pas de l'oie. On sentait bien que cette élection sur l'île de Pâques avait déplu aux Américains. Il faut dire que les troupes américaines, présentes sur place depuis 1966, officiellement pour s'occuper de l'entretien de la piste de l'aéroport, avaient, dès l'élection d'Allende, confisqué tous les balisages aériens sur l'île. Si bien que l'appareil des lignes chiliennes naviguait ensuite au pifomètre, le temps que les balises soient réinstallées par les Chiliens. Disons que, pour retrouver le caillou distant de quatre mille kilomètres des côtes chiliennes, les pilotes de ligne tâtonnaient affreusement. À cette époque, les avions de la flotte étaient d'anciens avions rachetés à Lufthansa et repeints à la va-vite.

Je me souviens aussi en atterrissant à Santiago d'une compagnie de fantassins qui défilaient au pas de l'oie dans une contre-avenue, vue de la vitre du taxi qui me ramenait en ville. Lors de cette course en taxi, j'ai eu l'impression, quand la voiture s'est arrêtée au feu à deux trois reprises, d'avoir été transporté dans le Tyrol : nattes blondes des fillettes et bustes avantageux des mamans qui revenaient des commissions.

J'étais logé à l'hôtel Crillon de Santiago, papier à en-tête dans les chambres et confort anglais. Dans les jours qui suivirent l'élection présidentielle, une délégation cubaine est arrivée bruyamment à l'hôtel. Ils n'avaient pas un dollar en poche mais avaient des cigares plein leurs valises. Le personnel, très obséquieux deux jours plus tôt, nous balançait les clés dans la figure au nom de « la liberté du peuple ». Pour moi qui avais passé un mois dans une ambiance de Chartreux avec ces Polynésiens de l'île de Pâques, une population complètement étrangère à toute agitation et éloignée de tout tremblement politique, le choc fut assez rude.

Je me souviens que les étrangers ne sortaient pas de leur hôtel. Certains fuyaient au crépuscule, en compagnie de Chiliens aisés, en graissant la patte à des têtes de comploteurs : direction la frontière par la route, Mendoza et le passage des cols à la frontière argentine. J'ai le souvenir de cinq jours électriques et de soirées complètement dingues.

Faut dire que le personnel de l'hôtel était revenu entre-temps à de meilleurs sentiments. Les clés, par exemple, nous étaient jetées plus mollement. J'ai pris cela comme un signe de détente. Si bien qu'un soir quelques « pensionnaires » sont descendus à la cave du restaurant de l'hôtel. Nous étions guidés par des sommeliers qui avaient tout récemment embrassé le marxisme-léninisme mais qui n'avaient pas perdu le sens des affaires. Contre un billet glissé dans le gilet, nous choisissions à la lueur d'une torche les plus grands crus chiliens. L'alternance politique vue de la cave d'un hôtel chic est d'une grande drôlerie. Le vin aidant, j'ai aussi le souvenir d'avoir passé un temps fou à discuter avec la délégation cubaine, non pas parce que je croyais à leurs idées, mais parce que c'était pour moi l'occasion de téter leurs magnifiques cigares assis dans un fauteuil en cuir en me moquant de leur révolution. Pendant cinq jours, j'ai commenté la révolution prolétarienne en tirant sur des monte-cristo et en dégustant des alcools bruns dans des verres en cristal de Bohême. Grand souvenir de potacherie au milieu de castristes à la Pancho Villa qui, ivres de cabernet, ronflaient comme des sonneurs.

J'ai fini par laisser le socialisme à l'aéroport de Santiago et suis rentré en Europe. Par la suite, je suis revenu souvent au Chili par la mer. Surtout ces dernières années, à l'occasion des tournages pour « Thalassa ». J'ai mieux apprécié ce pays étiré, comme un fil à linge, sur quatre mille kilomètres. Je l'ai vu prodigieusement changer mais il reste en lui une tradition désespérée. Un côté « *viva la muerte* ». Je me souviens surtout des prénoms des femmes, notamment d'une Soledad. Il y a quelque chose de tragique dans ce pays montagneux et côtier. Entrer au Chili, c'est entreprendre un voyage grandiose entre températures néo-équatoriales et cap Horn. Santiago ressemble à quelque chose d'haussmannien, comme Buenos Aires ; ça ressemble à ce qu'étaient les Grands Boulevards de Paris il y a trente ans.

Ce qui me plaît chez les Chiliens, ce sont les profils, comme ceux que peignait le Greco. Un côté dramatique et impitoyable. Des profils sortis de l'Inquisition assez effrayants et des profils andins très beaux. Le Chili m'émeut et me bouleverse. Pour les marins du monde, le Chili, c'est Valparaíso, cette ville-port tout en hauteur.

Aujourd'hui, pour être franc, Valparaíso, c'est un peu une ville fantôme. C'est le grand port d'escale après le cap Horn (seule escale possible). C'était autrefois le grand port du Pacifique. Valparaíso a laissé une empreinte dans la littérature maritime. Quand les marins avaient franchi le Horn et qu'ils envisageaient Valparaíso dans le lointain, c'est qu'ils étaient sortis d'affaire. Chacun se disait : « Plus jamais ! » Il fallait comprendre que les hommes sortaient de ce Sud très musclé, hostile, mauvais, et au loin : Valparaíso ! C'était le contact avec une forme d'heureuse civilisation. On revenait chez les vivants ! Enfin de retour dans un climat tempéré.

Les approches maritimes racontent toujours un monde qui ne serait pas touché par l'homme. J'ai souvent ressenti ça en mer. Cette impression très romantique, tout à fait absurde et tout à fait puissante, que dans ce monde où toutes les traces s'effacent, c'est le vent de la mer qui conserve ces mêmes traces. Le vent conserve l'humeur de cette approche et préserve l'instant.

Quand j'approche Valparaíso par la mer, même si je n'en suis pas forcément conscient, j'ai le même regard que tous ceux qui l'ont approché en naviguant contre la houle du Pacifique.

Qu'est-ce qui reste de Valparaíso ? Une chanson ? Oui, mais c'est surtout une vigie dans un récit qui va gueuler : « Terre au loin ! » Il va falloir que je me montre patient mais bientôt je vais pouvoir discerner des ombres, et puis une ligne bleue plus foncée, ou un vert plus marqué, et, au fur et à mesure que je vais approcher, c'est ce zoom très lent qui va me faire rentrer dans ce qui est enfin la vie.

L'Australie et la Nouvelle-Zélande

Déployer une carte marine, c'est observer une mosaïque de précipices et de fosses. Le regard plonge et lit les courants avant de se fixer sur les côtes qu'on croirait cousues avec du fil de fer.

Le tour de l'Australie entrepris à bord de *Geronimo* en juillet 2005 (dix-sept jours) fut une aventure lumineuse après l'épreuve endurée par la disparition de Caroline quelques mois plus tôt qui m'avait plongé dans le tunnel crépusculaire.

Le nord-ouest de l'Australie est pastillé d'îles et de récifs : Fénelon, Buffon, Borda, etc. On dirait de minuscules morceaux de civilisation française, quelques grains du génie des Lumières, lancés par une semeuse aux grands pieds. Cette constellation de noms propres est pétrifiée dans un purgatoire tropical.

J'ai remis la main sur le texte que j'avais envoyé à mon équipe à terre début juillet 2005 dans lequel je rends compte de ces heures de navigation à travers un manuel de chimie. On se croirait dans la tournée du facteur du cinquième arrondissement entre les facs de Jussieu et de Censier. Pour mémoire, le détroit de Torres est cette étendue d'eau de près de cent cinquante milles entre l'Australie et la Nouvelle-Guinée : deux cent soixante-quinze îlots. À l'ouest, la mer d'Arafura ; à l'est, la mer de Corail. Nous sommes à huit degrés sous l'équateur.

Les vents sont depuis plusieurs jours excessivement variables en force et en direction. Mélange de vents de terre et de flux océaniques. L'odeur du continent porte à plus de cent milles au large, rien à voir avec l'air gras et lourd de la Nouvelle-Guinée. Depuis deux jours, à cent vingt milles de la côte australienne, ça sent la pierre chaude. La mer est turquoise, l'air sec, le ciel d'un bleu minéral clair. Aucun nuage. J'ai l'impression de naviguer en état d'apesanteur tellement tout cela est aérien. C'est d'une grande beauté et complètement insolite pour nous. Rien à voir avec les lumières tropicales d'Afrique, d'Amérique ou d'Océanie. Ici, les teintes sont uniques et ont même un petit côté un peu inquiétant tant elles sont crues.

Les découvreurs devaient faire une drôle de tête sur ces mers parsemées de récifs. Découvrir, c'est reconnaître, identifier et donc nommer. Et à ce jeu-là, Anglais et Français se sont surpassés. Les monts Trafalgar et Waterloo sont voisins ainsi que les îles Molière, Racine, de l'Institut. Le mathématicien daxois Borda est plusieurs fois nommé. Que fait Du Guesclin à côté de Fénelon, Buffon, Forbin, Jussieu, Lamarck, Bernoulli et Tournefort ? La passe Voltaire et le cap Lacépède voisinent avec Snake Island et Nelson, Bougainville et Brunswick, sans omettre l'île d'Arcole suivie du récif Rouge, du récif Bleu et du récif Arc-en-ciel. Je n'ose penser aux noms de ces côtes si elles avaient été découvertes à l'époque de la téléréalité : la passe Steevy menant à la baie Loana ? Seigneur ! Calme tropical et air sec. Le monde est figé. Tentative molle de virement raté sous le ciel acrylique. Le soleil est énorme. Les flotteurs sont recouverts d'une fine croûte de sel, dure comme le givre sur nos pare-brise d'hiver. Nous sommes par 13° sud et 125° est dans le monde hallucinant de la lumière brute. Le soleil a explosé et la mer brûle. Je n'ai jamais vu ça en quarante ans de navigation. C'est un privilège délicieux et torride.

Cette navigation m'a apaisé. Quatre mois plus tôt, je suivais le cercueil de Caroline, murmurant ma douleur. Le bateau m'avait requinqué moralement. Je me suis retrouvé un mordant que je croyais définitivement disparu. Tout l'équipage à son tour se trouvait nourri par ce plaisir de naviguer. Il devenait meilleur chaque jour et heureux de vivre ensemble. Il avait retrouvé son instinct et sa détermination. La manœuvre ? Un seul signe pour un virement de bord. Je renouais avec la jouissance.

C'est très rare qu'en zone tropicale l'air soit sec, comme pulsé par un sèche-cheveux. En général, dans les zones chaudes, l'air est saturé de sable au passage des côtes, comme au large de la Mauritanie. En mer Rouge, au passage d'Ormuz, il y a toujours de grands nuages de poussière. Là, pas du tout. On aurait dit une lumière aussi sèche et pure que celle que l'on retrouve dans le Grand Nord. L'eau ? Une peinture acrylique sur velours. D'un bleu roi. Ou une teinte turquoise très laiteuse. C'est comme si Yves Klein avait passé le détroit de Torres au rouleau. Et puis ces vents alizés gonflés par le vent qui vient du désert : complètement tordus !

Des rafales toutes les quatre ou cinq secondes avec une variation de cinq à sept nœuds. Le flux d'air est chaotique. La mer est plate comme une limande et offre cette sensation grisante d'être le roi des mers. Je revenais à la vie.

La Nouvelle-Zélande, plissée comme la peau d'un sharpei. Quand on approche cette terre, l'impression laissée est celle d'un pays froissé comme une feuille de papier. Pays d'éleveurs et de marins, pays d'abris, de baies, de criques. Une vraie commotion touristique. Une île ballonnée et cousue à la main par des milliers de kilomètres de lacets qui tombent dans la mer. Le sud de la Nouvelle-Zélande ressemble un peu à la Norvège, la beauté minérale des fjords en moins. Les glaciers qui tombent dans la mer. C'est le pays où les hommes portent des nuages au-dessus de la tête. Le pays de la manufacture du vent.

Nous sommes dans un système météo influencé par le système dépressionnaire d'ouest et de sud. C'est une coupure nette où l'on voit la température chuter à toute vitesse quand on approche des côtes sud. C'est la porte du grand désert maritime qui s'ouvre, le royaume de l'eau et des ombres. Il y a une couleur de robe de bure et de fumée, un peu comme en Irlande quand le grain menace. La côte est découpée par un massicot émoussé. Au loin s'ouvre la porte des enfers maritimes. Les habitants sont nés avec des bottes en caoutchouc aux pieds. Ils ne supportent pas l'inaction et se ruinent avec délice dans l'entretien de leur propre bateau. La Nouvelle-Zélande est le plus grand réservoir de marins du monde. Ils tombent des pommiers en fleur au printemps. Quand ils ne naviguent pas, ils élèvent des béliers dans leurs montagnes venteuses et hivernales. Là-bas, le ciel est souvent en colère et couleur ardoise. C'est le pays qui me laisse étourdi par le vent qui souffle dans les ronces de la lande, l'âme engourdie avec le nez qui coule.

La deuxième mort de La Pérouse

Mon métier m'a permis de naviguer sur toutes les mers du globe sur des bateaux aux qualités mécaniques extraordinaires. Depuis mon enfance, j'ai été passionné par l'histoire des explorateurs qui ont reculé les remparts du monde. Sans Cook et La Pérouse, jamais nous n'aurions navigué de la sorte. Ces hommes ont fait bourgeonner des bouts de leurs patries respectives sur des terres inconnues. L'un comme l'autre furent dépêchés au XVIIIe siècle pour achever la cartographie du monde et développer les comptoirs. Ces expéditions ont achevé le déchiffrage des grilles de la géographie. J'ai toujours pensé que ces aventures avaient été très sous-estimées. Ces frégates ne remontaient pas au vent. Au vent de la côte, avec du mauvais temps, avec de tels bateaux, mouiller avec des cordages qui ne dépassaient pas les quinze centimètres de section était déjà un remarquable exploit. Le fardage de ces bateaux était monstrueux. Il faut imaginer la mâture offrant sa surface aux vents hostiles ! Il est exact que les récits maritimes ont rendu compte de cela. Ces hommes, ces équipages avaient vécu les premiers pas hasardeux de l'aventure et de la science balbutiante. Ils n'attendaient ni gages ni pensions. Les voyages de Cook, de Bougainville ou de La Pérouse éclairent la découverte ethnologique et scientifique de cette fin du XVIIIe siècle.

Mais le voyage en lui-même ? Il était effrayant. Aujourd'hui, ces hommes sont ensevelis dans l'oubli.

Mais ils étaient d'un courage et d'une sagacité exemplaires. Les sondeurs étaient fabriqués avec un plomb recouvert de suif de manière à connaître la nature des fonds : sable, gravier, vase. Ces hommes ont participé à l'inventaire du monde. Approcher une terre, raser le récif, descendre une baleinière, s'assurer des passes, envoyer le sondeur et revenir à bord. Puis, éventuellement, entrer dans la baie, chercher l'abri ou se faire remorquer par les baleinières : « Hardi, les gars ! », et ensuite s'assurer du mouillage.

Ces manœuvres prenaient huit heures. « Le lieutenant de vaisseau Le Bornec partit à la découverte dans l'Ouest. Au coucher du soleil, il n'était pas encore revenu. On a tiré du canon. » Il fallait un cran et du cœur au ventre.

Quand La Pérouse mouille dans la province de Kamtchatka, en Russie, en septembre 1787, il charge Barthélemy de Lesseps, dont le neveu Ferdinand de Lesseps creusera cinquante ans plus tard le canal de Suez, d'une mission inouïe : livrer à la cour de Louis XVI les premiers travaux et résultats de l'expédition. Le jeune Lesseps, un peu plus de vingt ans, mettra un an pour porter son courrier à la cour de France en traversant la Sibérie, tiré par des chiens de traîneau.

Bon nombre de marins de ces équipages étaient originaires de Saint-Renan ou de Brest. Ceux de La Pérouse ne sont pas revenus. Je serais fort intéressé par une reconstitution à l'identique de ces navigations avec les moyens de l'époque : mêmes cordages, mêmes charpentes, mêmes bois. Combien de temps mettrait-on aujourd'hui pour rallier le Chili, la Chine et la Nouvelle-Galles du Sud ? Les bateaux quittaient Brest et regagnaient leur port d'attache à l'état d'épave. Quand ils n'avaient pas sombré ! Tous les consommables avaient été utilisés. Pas moyen de se réapprovisionner. Ou alors dans un comptoir. Et encore fallait-il qu'un bateau ait déjà acheminé de quoi réapprovisionner ! À bord d'une frégate de quarante mètres, on comptait deux cent cinquante hommes. Une terrible discipline. Et le fouet, forcément injuste, comme dans les bons romans. Les marques de plomb dans le dos, le sang qui coule, le gros sel sur les plaies, les hommes qui serrent les dents, et les soldats faisant face avec leur mousquet. Les récits d'officiers ne manquent pas. Mais pas de récits de matelots.

Le but de ces missions était d'affermir les empires. S'engager dans l'hémisphère austral, c'était pousser la porte d'un monde brutal. J'entends le ahanement des hommes à la manœuvre. L'entassement dans les navires, la sollicitation constante des équipages et le manque d'hygiène. On connaît cet adage de la marine : « Les hommes doivent vivre dans la peur de tout et la crainte du reste. » Le commandement exigeait des qualités maritimes incontestables. Les protagonistes ne s'épanchent pas dans les récits : « Nous arrivâmes en vue de l'île de Pâques. Monsieur Smolène se dirigea vers le récif afin d'en découvrir une passe éventuelle. » Il n'y a jamais la moindre émotion. C'est sec, à l'os. D'un réalisme effrayant. Rien de pittoresque. L'exception, c'est la mutinerie du *Bounty*. On y trouve tous les clichés : l'officier odieux, la cupidité brutale, le marin ivrogne, la Polynésienne lascive qui détournera le lieutenant de vaisseau de sa mission et les cadavres en plein soleil, nourriture des fourmis géantes.

Le marin ayant échappé à toutes ces horreurs remercie la Providence : « À notre retour, nous entonnâmes un *Te Deum* pour remercier Dieu et les puissances du Ciel de nous avoir épargnés. » Jamais de bavardage dans ces récits qui m'ont marqué. Juste cette intimité avec la souffrance que le roman peine à atteindre. Parfois, on trouve des passages dignes des plus grands humoristes. Il faut imaginer par exemple la bouche en cul de poule du premier scientifique anglais qui découvre l'ornithorynque dans cette baie qui n'était pas encore Sydney. Il écrit à Londres en 1798 de sa plus belle plume. Londres croit que c'est un canular et que cet officier a perdu la raison, le cerveau brûlé par le rhum et le soleil. L'homme décrit la chose : un animal à fourrure, des écailles, la queue plate et qui pond des œufs. Londres croit que son scientifique est définitivement un plaisantin et qu'il a cousu lui-même un bec de canard à un castor. L'œuvre laissée par ces hommes fut immense, d'un point de vue maritime et scientifique. Emmener des hommes, ramasser des plantes, composer un herbier. Et à chaque fois la même opération : trouver un mouillage, mettre un canot à la mer. S'en remettre à Dieu. Le vent tourne ? Le navire se retrouve en difficulté. Le vent se lève pour de bon et le bateau ne tient plus son mouillage. Nous sommes loin de Versailles et de Beaumarchais qui, avec *Le Mariage de Figaro*, annonce la Révolution. Ces marins étaient d'une bravoure stupéfiante. Plus de deux siècles plus tard, ces récits m'émeuvent toujours. Les expéditions étaient exceptionnelles par leur coût et par leur rendu scientifique. De Bougainville, il ne reste rien que le nom d'une fleur. Un tour du monde pour une fleur : c'est à pleurer. Chose remarquable, les expéditions de Cook, de Bougainville, de La Pérouse sont séparées par une vingtaine d'années. Je suis persuadé que les expéditions de la fin du XVIIIe siècle ont été les poutres maîtresses de la charpente du monde, comme ce fut le cas de la mission Apollo en 1969.

Que reste-t-il de l'ingénieuse application dont firent preuve ces hommes ? Hum, malheureusement pas grand-chose. Je tiens beaucoup à cette histoire car elle en dit long sur l'oubli dans lequel sont tombées quelques figures marquantes du XVIIIe siècle, dont La Pérouse, et qui pose du coup un éclairage cruel sur l'inculture de nos élites. Voilà les faits. Je suis reçu fort courtoisement à Sydney au consulat de France il y a trois ans. On célèbre justement la mémoire de La Pérouse qui avait mouillé à Botany Bay en 1788 pour réparer ses deux frégates et dont l'expédition fut déclarée officiellement disparue en 1791. On papote. C'est charmant comme tout. Je lance fort sérieusement que La Pérouse est notamment l'inventeur d'un apéritif à base de plantes : La Pérouse-l'apéro. Passé deux secondes de stupeur, on me répond qu'on l'ignorait, que tout cela est fort passionnant et que c'est un nouveau pan du rayonnement de la France qui se dévoile. Ma voisine, belle Australienne style œil de *Vogue* qui adôôôôôôôôôre la France, trouvant l'idée merveilleuse, selon ses mots, surenchérit aussitôt et m'assure que, effectivement, les explorateurs, pour s'assurer les bonnes grâces de l'équipage, donnaient parfois double ration de rhum. Donc, tout se tient admirablement, explose-t-elle de joie. Cette blague de potache prenait un tour assez inespéré, sûrement sous l'effet des boissons qui nous furent servies et qui échauffaient les esprits. Je me suis éclipsé, assez abattu pour tout dire, en laissant cette dame se gargariser de la découverte auprès de ses amies : « Entendez-vous ça ? Mais comment ? Vous ne le saviez pas ? Cet homme est l'inventeur de l'apéro ! Ils sont extraordinaires, ces Français. »

La Pérouse est un modèle de témérité et d'exigence maritime.

Le voyage de La Pérouse représente quarante mille milles en trois ans. Soit treize mille milles par an jusqu'à sa disparition en 1788. Sur des bateaux sur lesquels il fallait réparer souvent, s'arrêter, faire les corvées de bois, d'eau et de vivres. On perdait des hommes. Deux cents au total. C'est hallucinant ce qu'ont entrepris et réalisé ces hommes en trois ans. La Pérouse a descendu l'Atlantique, s'est arrêté aux Canaries, a passé le cap Horn, est remonté le long de Valparaíso, puis a mouillé au nord de l'île de Pâques. De là, il a fait route sur Hawaï, est monté aux îles Aléoutiennes, a descendu toute la côte américaine, puis est à nouveau passé au large d'Hawaï et a fait route sur Macao en passant par les îles Marshall. De là, il a emprunté un détroit au nord du Japon, qui porte son nom. Ces routes, je les ai empruntées. Ce sont des mers « intricotables ». Puis du Japon, La Pérouse est descendu jusqu'en Australie, à Botany Bay, et le bateau disparaît à Vanikoro, au nord de Vanuatu : soit quarante mille milles. Ce qui me fait dire que l'Occident a fourni les hommes, et l'Asie puis l'Océanie le décor. Ces hommes sont toujours dignes de nous représenter plus de deux siècles plus tard. Pourtant, dans les récits de l'époque, tout cela semble lointain avec ces illustrations du Blanc au côté de l'indigène. Nous sommes à la fin du siècle des Lumières et ces hommes ont vécu dans une sorte de terreur sacrée pendant trois ans. Cook ou Bougainville étaient des hommes au capital de courage et de volonté hors du commun. Ces hommes possédaient une audace phénoménale. Cook aujourd'hui ne brille plus que sur les prospectus des compagnies de navigation et sur les traveller's chèques. Bah, je me dis que La Pérouse a échappé à la « marchandisation » de l'histoire. On connaît l'anecdote de Louis XVI, qui avait armé cette expédition, demandant des nouvelles de La Pérouse avant de monter à l'échafaud. Il s'agissait de participer au relevé du monde, de rapporter planches, herbiers. Au bout du compte, quel trajet maritime ! Il est éblouissant.

J'ai navigué dans ces mers où est passé La Pérouse avec des bateaux au potentiel dix fois supérieur. Pour se faire une idée, il faut imaginer les approvisionnements d'eau douce, le scorbut, les vivres qui font défaut. Le point est fait à l'astrolabe. Le sextant n'existe pas. Juste se rappeler que La Pérouse sort du goulet de Brest. Mais pas moyen de sortir avec du vent dans le nez. Doit sortir avec des vents d'est. Ces navigations, ces équipages, ces hommes sont bouleversants de pugnacité. Tout cela est très loin, très oublié, très poussiéreux. Mais on connaît ce monde-là dans les détails quand on sait ce qu'est le vent, une dépression ou un calme, et les deux conjugués ont été des ennemis horribles pour ces bateaux. Ils ont bien mérité de donner leurs noms à des détroits. La Pérouse, Cook ou Bougainville sont les pointes sur lesquelles repose la connaissance du monde.

L'Afrique du Sud et Robert de Kersauson

J'ai connu Cape Town du temps de l'apartheid. Je n'ai jamais envisagé une seule seconde qu'un homme noir soit différent de moi. Je faisais la queue sur le port de commerce face à une petite camionnette, un peu comme celles des marchands de glaces qu'on trouvait dans les faubourgs des villes minières de l'Angleterre dans les années soixante-dix.

Les Blancs faisaient la queue d'un côté ; les Noirs de l'autre. Deux queues pour les mêmes sandwichs. Double surprise de ma part car la séparation était matérialisée par un carton arraché d'une palette. Évidemment, pour les pissotières, même chose : pissotières pour Blancs ; pissotières pour Noirs. Avec les gars de l'équipage, cette séparation nous paraissait une histoire totalement stupide. Quand je me retrouvais à demander, du côté *colored*, un sandwich, le type de la camionnette me priait illico de passer du côté *white*. Petit jeu de notre part en franchissant sans cesse la frontière en carton et hurlements du type qui voyait la queue se gondoler de rire.

Les Blancs mâchonnaient dans un coin ; les Noirs dans un autre. Un abîme de bêtise. Pareil pour les chiottes puisqu'il y avait un type, genre dame pipi, en uniforme caca d'oie, qui était là pour trier les peaux : toi blanc par ici ; toi noir par là. Évidemment, malin plaisir de l'équipage à ne jamais respecter les consignes, rendant du coup mabouls les contremaîtres blancs qui allaient se débraguetter et hilares les dockers noirs qui pissaient en se tenant d'une main au mur des chiottes.

Je suis retourné en Afrique du Sud quelques années plus tard. Cette ségrégation avait tellement marqué les esprits que les restaurants des docks qui recevaient une clientèle noire étaient toujours fort surpris de voir des Blancs pousser la porte. Sorte de gêne chez eux mais vite surmontée devant les tournées de bières commandées. J'ai pour l'Afrique du Sud un faible. D'abord parce que c'est très beau, Cape Town : la « table » recouverte de nuages et une mer où la température de l'eau varie de sept ou huit degrés en l'espace de cent mètres. Puis parce qu'un de mes grands-oncles y est enterré.

Robert de Kersauson, mort au début des années soixante-dix, fut un héros de la guerre des Boers qui prit fin au début du XXe siècle. Ce Robert de Kersauson n'a pas fait souche, à ma connaissance. Une vie assez inouïe. Né à Brest, élève des Jésuites, il part ensuite en Californie avec sa mère, veuve. Robert étudie dans une université de Los Angeles. Puis revient en France pour s'engager dans la guerre du Transvaal, contre l'occupation anglaise. Il existe un bouquin que lui a consacré un universitaire qui, je crois, tenait à un moment donné les chroniques historiques de *Match*. Donc, ce Robert de Kersauson s'est engagé dans cette guerre des Boers où il s'est comporté héroïquement, selon les faits que rapporte l'universitaire.

Un de mes frères aînés, lors d'une escale à bord de la *Jeanne d'Arc*, l'avait rencontré. Il était déjà fort âgé. Je n'ai appris sa mort que lorsque j'ai débarqué quelques années plus tard.

On m'a par la suite rapporté que sa tombe était toujours photographiée et fleurie. Je comprends qu'il ait été attiré là-bas pour aller faire le coup de feu contre les Anglais. J'ai toujours considéré qu'il s'agissait d'une rude occupation que d'aller chicaner les Anglais. Robert ne s'est pas dérobé puisqu'il est revenu combattre en 1914 sur le front d'Argonne, au sein d'une unité franco-américaine. Puis la guerre terminée, il a fini sa vie en Afrique du Sud, il se serait occupé d'une exploitation maraîchère non loin du Cap. Ce Robert de Kersauson est pour moi une pièce détachée de ma mémoire. Une vraie figure flatteuse qui a combattu pour ses idées et qui à la fin de sa vie contemplait la mer, adossée à un mur lézardé.

Voilà !

Je n'ai vécu que pour faire cette chose pleine et entière : tourner autour du monde. Pourquoi ? Tourner autour du monde reste pour moi un inépuisable magasin d'aventures. Quand toutes les pensées de l'homme se rabattent sur des choses terre à terre, le plaisir de partir en mer prend une valeur infinie.

Cette explication est nécessaire car elle éclaire mon métier depuis le milieu des années soixante-dix. Faire le tour du monde à la voile, c'est aller voir de près l'exactitude du décor sur la croûte terrestre et, comme un chat, marcher en équilibre sur toutes les gouttières du monde. Une seule chose a compté pour moi : le plaisir d'être en mer.

J'ai fait ce métier parce qu'il était aussi à ma portée et que je me suis donné du mal pour le faire le mieux possible. Faire le « tour » de la littérature ? Depuis Homère, les limites sont fixées et indépassables. Fait-on le « tour » de la peinture ? Est-il possible de faire le « tour » du cinéma ? Le « tour » de l'amour pour son prochain ? Je ne suis pas vraiment saint François d'Assise et encore moins saint Vincent de Paul. Le « tour » de la souffrance ? Allez, un quart de tour, tout au plus.

Sûrement pas assez de talent pour faire le « tour » des arts mais assez d'orgueil pour se soustraire au travail que cela aurait exigé pour s'en approcher. J'ai eu suffisamment de rusticité de caractère en moi et de ressort pour aller, pendant plus de quarante ans, faire l'écuyer sur le dos des océans. On me dira que la composition des arguments que j'avance est faiblarde, que tout cela est du pipi de chat, mais c'est ainsi que sont les choses. J'ai arrangé ma vie pour qu'elle ne me retienne pas à terre. Ne pas se réveiller un matin mangé par les regrets de ne pas avoir assisté au spectacle des Andes se jetant dans la mer, glissé de nuit dans la baie de Salvador de Bahia ou encore remonté l'Amazone, ce sang jaune qui fait battre le cœur de Belém.

Ne pas quitter ce monde sans lui avoir rendu la politesse. Pourtant, l'idée de « rendre » ce qu'on a vu n'a jamais été ma préoccupation. Je ne me suis jamais pris pour un témoin. Je reste un voyageur. Peut-être suis-je dans la conformité de ma naissance. Je n'aime pas forcément ce couplet, mais pourquoi pas ? S'éloigner du monde en lui tournant autour dans une ogive flottante. Quel curieux métier, n'est-ce pas ? Il ne s'agit pas de fuir la noirceur du monde, la sottise ou sa puérilité dans la comédie larmoyante du départ. L'aventure est à ranger dans un tiroir. Heureuse ou malheureuse, j'ai toujours hâte d'en engager une autre. Tourner autour du monde, en solitaire ou en équipage, ne peut être toutefois considéré comme un voyage d'agrément car la mer possède des instincts brutaux et des vices raffinés.

Si je me suis mis à la discrétion des mers, c'est dans le but avoué de faire le tour du propriétaire ; plutôt que de rester assis dans un fauteuil Voltaire à fumer des cigarettes à bouts dorés devant la cheminée, avec à mes pieds mon chien me servant de chaufferette, en relisant Pierre Loti. Un tour du monde, c'est un cours magistral de géographie mais c'est surtout un tour météorologique et climatologique. Partir d'un point et y revenir. Il y a quelque chose de parfait, d'achevé, de rond. Pendant deux mois, le bord travaille à la satisfaction de son amour-propre. L'œuvre est achevée, il faut aussitôt la ranger dans un bocal sur l'étagère. S'approprier un record n'est pas seulement flatteur. Il fait du capitaine et de son équipage les derniers représentants de la vitesse sur l'eau. Pourtant, on ne dira jamais assez l'effrayante besogne qui a été abattue ni les micro-progrès de la mécanique et de la climatologie qui l'ont permise.

Le marin est soumis à la souveraineté des lois physiques. Nous sommes loin des conjonctures maritimes qui prévalaient quand la météorologie n'en était qu'à ses balbutiements. C'est ici que l'intelligence appliquée prend tout son sens. Tous les coureurs au large s'appuient sur les compétences d'une dizaine d'analystes très brillants pour décrypter les fichiers météo. Mais décider en mer, hé hé, c'est autre chose. Et la grâce du commandement, c'est d'apporter une décision prompte et raisonnée. Je me suis toujours identifié à ces hommes qui sont sortis des Arts et Métiers : la perfection technique et le travail en atelier. De là est née ma passion pour l'automobile. Le musée de l'Automobile au Mans est à chaque fois pour moi une leçon de choses, la vitrine de la robuste organisation de l'intelligence. Je dois être le seul marin à dire toute mon admiration à l'inventeur de l'essuie-glace. Je serai le premier à ouvrir une souscription pour ériger un monument à la mémoire de l'homme qui a inventé la boîte de vitesses. Et ce n'est pas une blague. Faire du bateau, c'est choisir de faire un sport mécanique. Ce n'est donc pas sans raison que *L'Équipe* a marié les deux disciplines dans une même rubrique.

Le 10 mai 1989, à bord d'*Un Autre Regard*, je prends le record du tour en solitaire à Philippe Monnet. Pendant tout le tour, j'ai été la fourmi travailleuse ; pilote en panne, position incertaine, défaillance mécanique incessante, météo douteuse. Quelques semaines après le départ, je me suis convaincu que j'étais l'homme en train de faire « ça » : tourner seul autour du monde. Je me souviens d'avoir eu près de quinze jours de brume dans le Grand Sud. Au bout de ces quinze jours, une étoile. Tout d'un coup, je ne me suis plus senti seul. Une étoile ! C'était un signe d'un dérisoire total. Mais je voyais enfin autre chose que ce coton qui m'entourait et qui me privait de tous les plaisirs de la mer et des couleurs du ciel. Je me souviens d'avoir vu l'étoile brutalement : « Ah ! Il y a quelqu'un ! » Différent de : « Il y a quelqu'un ? » C'est : « Il y a enfin quelque chose à voir ! » L'homme ramené à la biologie. Juste une cellule. L'impression de se sentir si fragile, si petit, si vulnérable, m'a permis certainement de réduire cette indifférence instinctive que j'avais pour l'autre. Mais j'ai encore de belles réserves de quant-à-soi dans mon grenier avec lesquelles je peux encore tenir vingt ans.

Le temps passé seul dans l'effort ouvre des failles béantes sur soi-même. J'y ai découvert le meilleur de moi-même. Mais le pire aussi. J'ai entrepris une conversation avec toujours le même interlocuteur : moi-même. Mon double posait un jugement sur moi. Je lui disais qu'il faisait fausse route. Il me jetait ses vérités à la face. Je lui répondais du tac au tac. Je me suis aussi vu lucide face à mes propres médiocrités. Un examen de conscience d'un genre nouveau, sans divan et sans la veste en velours côtelé de l'analyste qui fait « hum hum » et qui regarde, pendant que vous lui parlez de votre mère, en bas de la rue un homme à chapeau mou qui monte dans l'autobus 94 qui se dirige vers Montparnasse.

La médiocrité de l'autre a pu me désarçonner plus d'une fois. Mais elle ne me surprend plus ; je connais la mienne. En touchant terre le 10 mai 1989, j'avais déverrouillé ma porte. Il est admis qu'on meure seul. Mais pourquoi la solitude ne serait-elle que les deux extrémités de cette histoire ? Je trouve que c'est bien de vivre seul, et tout le temps. J'ai compris que je mourrai seul. C'est un geste d'amour de tenir la main de celui qui se débat dans les affres de la mort. Je ne me fais pas d'illusions : je finirai seul. Je suis accroché à ma solitude. Cela ne signifie pas que je suis complètement fermé à l'amitié, mais c'est mon plaisir d'être seul comme c'est mon plaisir de naviguer. La solitude n'est pas forcément réconfortante mais elle me ramène à mes actes et me conduit à être en perpétuelle négociation avec moi-même.

Je ne suis jamais fatigué de la solitude et c'est souvent une corvée d'en sortir. Être seul me permet des débordements avec moi-même et de me sentir grisé par le silence. Je peux rester assis sur un banc sous les châtaigniers trois heures en correspondance avec moi-même. Aucune fatigue et une jubilation intellectuelle au bout du compte. Seul, je brûle d'activités. J'évapore de la pensée en paroles. Un atelier de fumigation à moi tout seul. La solitude me permet de faire passer avec une vertigineuse rapidité images, idées, rêves fous, hypothèses cinglées, parfois fécondes. Et ainsi de remonter le film de ma vie. Je peux rester ainsi une demi-journée à la lisière de mes rêves et de mes souffrances. Je suis ramené à moi-même. Que vais-je entreprendre demain ? Quel sera mon prochain rêve ? Je suis seul avec ma conscience. Tous les deux, nous formons un vieux couple de jumeaux un peu acariâtres qui s'engueulent, boudent et prennent toute la couverture. Seul, je purge mon esprit. Ce n'est pas une satisfaction de soi-même ou un dédain pour les autres. Seul, je fais une copie au net de ma vie.

Il y a un mot que j'aime beaucoup et qui tient sûrement à la minuscule empreinte laissée sur moi par les Jésuites. On dira que Dieu a donné des commandements mais que l'homme n'a pas pu correctement les exécuter. Or, la miséricorde, c'est la tendresse et l'émotion devant l'impuissance de l'autre.

Le *Miserere nobis* est l'expression de l'amour. Je ne dis pas cela parce que je me retrancherais dans l'âge et que cela serait à mettre sur le compte d'un retour d'ardeur de la foi, même s'il m'arrive parfois, devant la mort, de prier à genoux, comme je le faisais enfant. La miséricorde exprime l'impuissance totale de l'homme. La miséricorde est un principe général de conduite à l'usage de ceux qui ne veulent pas abdiquer devant la lâcheté, le doute et la bêtise. La miséricorde permet à l'homme flétri de reverdir. Ma miséricorde est un engrais dont je fais grand usage.

Relevé de navigation

1967-1968

Service militaire dans la marine, affecté sur la goélette *Pen Duick III* (19 mètres) à la demande du capitaine de vaisseau Tabarly. Termine le chantier de construction à la Perrière (Lorient) et participe à tous les convoyages et courses du navire.

Gotland Race (Suède),
Middle Sea Race,
Channel Race,
Cowes Week,
Fastnet Race (Angleterre),
Yarmouth-Leiqueitio (Espagne),
Plymouth-La Rochelle,
La Rochelle-Bénodet,
Sydney-Hobart,
convoyage Lorient-Baltique,
Finlande-Angleterre,
Sydney-Nouméa, Ouvéa-Sydney.

Fonction à bord : chef de quart.

1969-1970

Embarque avec le capitaine de vaisseau Tabarly sur la goélette *Pen Duick IV* (21 mètres).

Lorient,

Tenerife,
Fort-de-France,
San Diego (États-Unis)
San Francisco,
Los Angeles,
Honolulu,
Hawaï-Tahiti-Nouméa.

Fonction à bord : second.

Cours de navigation astronomique par le capitaine de vaisseau Tabarly, en charge de la sécurité et du matériel de sauvetage. Présence fréquente à bord du professeur Bordier, de l'hôpital Lariboisière, à Paris, qui nous enseigne les traitements d'urgence et pharmaceutiques.

1971-1972

Embarque avec le capitaine de vaisseau Tabarly sur le ketch *Pen Duick III*.

Los Angeles-Tahiti,
Cape Town.

Fonction à bord : chef de quart.

Convoyage Rio-Fort-de-France,
Course Southern Ocean,
Circuit Tampa-Miami-Fort Lauderdale.

Prépare *Vendredi 13* (Jean-Yves Terlain) pour l'Ostar trois-mâts à foc baume.

Fonction : gréement, mécanique, électricité.

Convoyage New York-La Rochelle.

Fonction à bord : second.

1973-1974

Mise à l'eau de *Pen Duick VI* (23 mètres) en second du capitaine de vaisseau Tabarly.

Course Withbread autour du monde,
Neuvage du ketch, suivi du périple Portsmouth-Rio-Cape Town-Sydney-Rio-Portsmouth par les trois caps.

Fonction à bord : responsable voilure sécurité.

Bermuda Race (États-Unis) Newport-Bermudes,
Course Bermudes-Plymouth.

Fonction à bord : second.

1975-1977

Capitaine sur le ketch *Kriter 2* (25 mètres).

« Financial Times » Clipper Race Londres-Sydney, Sydney-Londres,
Convoyage Athènes-Lymington (Angleterre), armement, direction travaux.

1978-1980

Construction du trimaran *Kriter 4* (23 mètres) au CMN de Cherbourg.

Route du Rhum en solitaire.

1981-1983

Capitaine sur le sloop *Kriter 6*.

Course transatlantique nord,
Convoyage retour en solitaire,
Course Lorient-Bermudes-Lorient.

1983-1985

Construction du trimaran *Jacques Ribourel* (23 mètres) au CMN de Cherbourg.

Neuvage sur la Route du Rhum en solitaire,
Convoyage Antilles-Brest,
Course La Rochelle-La Nouvelle-Orléans, convoyage retour.

Fonction à bord : capitaine.

1985-1987

Construction du trimaran *Poulain* CDK (23 mètres) à Port-la-Forêt (Finistère).

Course de l'Europe : Scheveningen-Bremerhaven-Dun Laoghaire-Lorient-Vilamoura-Barcelone-San Remo.

Fonction à bord : capitaine.

Record du tour du monde (Brest-Brest) en solitaire par les trois caps.

1988-1992

Construction du trimaran *Charal* CDK (27 mètres) à Port-la-Forêt (Finistère).

Neuvage sur Brest-équateur-Antilles-Brest,
Entraînement : équateur-New York-Brest,
Brest-Cape Town-Brest.

Fonction à bord : capitaine.

1993-1995

Trophée Jules Verne, record du monde en multicoque.

Fonction : capitaine du *Lyonnaise des eaux*.

1996-1998

Trophée Jules Verne, record du monde sans assistance et sans escale.

Fonction : capitaine du multicoque *Sport-Elec*.

1999-2000

Construction du trimaran à moteur *Ocean Alchimist* (28 mètres), moteur Caterpillar 800HC.

Saint-Malo-Pointe-à-Pitre, retour Brest.
Brest-cercle polaire arctique-îles Lofoten, retour Écosse-Irlande-Brest.

Fonction à bord : capitaine.

2000-2002

Construction du trimaran *Geronimo* (33 mètres).

Brest-équateur-Açores-Brest (deux fois),
Tour des îles Britanniques : cap Lizard, Pas-de-Calais, nord des îles Shetland, Écosse ouest, Irlande ouest, cap Lizard (deux fois).

Fonction à bord : capitaine.

2003-2006

Trophée Jules Verne (deux fois),
Convoyage à Doha (Qatar),
Qatar-Perth, Perth-Sydney,
Pacific Trophy,
Record du tour de l'Australie sans escale,
Record Sydney-Tahiti,
Convoyage Tahiti-San Diego,
Record Los Angeles-Honolulu,
Record Honolulu-San Diego,
Convoyage San-Diego-San Francisco,
Record San Francisco-Hawaï-Osaka sans escale,

Record Osaka-Hong Kong, Hong Kong-Osaka,
Record Osaka-San Francisco,
Convoyage San Francisco-San Diego.

2007-2008

Convoyage du *Geronimo*.

San Diego-Panamá-Pointe-à Pitre-Brest.
À bord du trimaran *Ocean Alchimist*.

Brest, Açores, Pointe-à-Pitre, Brest, Canaries, Cap-Vert, Saint-Louis, Fortaleza, Bahia, Rio, Parati, Brachuy, Isla Grande, Buenos Aires, détroit de Magellan, Punta Arenas, Chiloe, Valparaíso, Gambier-Est, Tuamotu, Reao, Puka, Taenga, Fakarava, Apataki, Rangiroa, Bora Bora, Raiatea, Moorea, Tahiti.

Table

9205

Composition
NORD COMPO

Achevé d'imprimer en Espagne
par CPI
le 02 juin 2015.
1er dépôt légal dans la collection : mars 2010
EAN 9782290022146

ÉDITIONS J'AI LU
87, quai Panhard-et-Levassor, 75013 Paris

Diffusion France et étranger : Flammarion